U1007069

云南史话

地方系列

云南省社会科学界联合会 组编

# 《云南史话》编委会

主　编　张瑞才

副主编　余炳武　戴世平

委　员　吴绍斌　李　波　吴丽萍　龚志龙

周　明　岳石林　陈克华　胡丽华

何锡英　李保欣　赵卓磊　张培锋

李维金　杨五青　和文平　游启道

李文育　陈树华　刘　军　马维聪

# 《昭通史话》编辑委员会

编委主任　周　明

编　　委　周天忠　王银开　李克武　傅莫基

唐　靖　张　桦　邓时贵　许　勇

# 昭通史话

周天忠　　　　主编

傅蓂基　唐　靖　著

云南出版集团

云南人民出版社

**图书在版编目（CIP）数据**

昭通史话 / 云南省社会科学界联合会组编；周天忠主编；傅奠基，唐靖著．-- 昆明：云南人民出版社，2017.11（2018.12 重印）
（云南史话．地方系列）
ISBN 978-7-222-16674-5

Ⅰ．①昭… Ⅱ．①云… ②周… ③傅… ④唐… Ⅲ．①昭通 - 地方史 Ⅳ．① K297.43

中国版本图书馆 CIP 数据核字 (2017) 第 286277 号

**出 版 人：赵石定**
**统筹编辑：马维聪**
**责任编辑：李东华　段金华**
**责任校对：余丽红**
**责任印制：洪中丽**
**装帧设计：赵　丹**

**昭通史话**
zhaotong shihua
云南省社会科学界联合会　组编
周天忠　主编　傅奠基　唐　靖　著

出　版　云南出版集团　云南人民出版社
发　行　云南人民出版社
社　址　昆明市环城西路 609 号
邮　编　650034
网　址　http：//ynpress.yunshow.com
E-mail　ynrms@sina.com
开　本　787mm × 1092mm　1/32
印　张　11
字　数　148 千
版　次　2017 年 11 月第 1 版　2018 年 12 月 2 次印刷
印　刷　云南商奥印务有限公司
书　号　ISBN 978-7-222-16674-5
定　价　35.00 元

如需购买图书、反馈意见，请与我社联系
总编室：0871-64109126　发行部：0871-64108507
审校部：0871-64164626　印制部：0871-64191534
**版权所有　侵权必究　印装差错　负责调换**

云南人民出版社公众微信号

# 总序

七彩云南，气象万千。

这里东连黔桂，西邻缅甸，北靠川渝，南望越南、老挝，是祖国大陆通往南亚东南亚、前出印度洋的枢纽和大通道。特殊的地理，悠久的历史，孕育了深厚的底蕴，创造了丰富多彩的灿烂文化，成为中华文化同南亚次大陆文化、东南亚文化交汇区域，是文化交汇、融合、多样性的现代范本。

这里山川纵横。横断山、哀牢山、无量山、云岭、乌蒙山等山系支撑起祖国西南辽阔的天空。这里碧水荡漾。滇池、洱海、抚仙湖、程海、泸沽湖、杞麓湖、异龙湖、星云湖、阳宗海等湖泊，像一颗颗璀璨的明珠，镶嵌在云南高原上。这里江河澎湃。金沙江、澜沧江、怒江、红河、南盘江、伊洛瓦底江等六大水流联通各民族共同的家园。这里是植物王国、动物王国、有色金属王国。这里气候温和、四季犹春，在中国是绝无仅有的宜居宝地。

这里历史悠久。元谋人从170万年前的远古走来。战国中晚期庄蹻入滇，第一次把楚文化与滇文化连接起来。秦开五尺道、汉习楼船，云南正式纳入祖国版图。唐宋时期，南诏、大理国文化唱响西南。元初正式建立行省。明清时期，云南经济社会得到长足发展。20世纪初，云南各族人民打响了护国战争第一枪，开始埋葬封建帝制。在抗日战争中，几十万云南各族儿女征战沙场，扬我国威！西南联合大学谱写了世界教育史上的奇迹。

在这片红土地上，传承着红色文化基因。走出了王复生、王德三等早期马克思主义播火者，走出了无产阶级军事家罗炳辉，《中华人民共和国国歌》的作曲者聂耳，马克思主义大众化的中国第一人、我们党思想理论战线忠诚的战士和学者艾思奇。20世纪30年代，毛泽东率领中国工农红军长征过云南，播下了革命火种。40年代后期，中国共产党领导下的滇桂黔边纵队与中国人民解放军，在极端艰难困苦的条件下英勇作战，迎来了新中国的诞生！

这一切，催生了一系列独具特色的历史文化：有史前文化、古滇文化、哀牢文化、爨文化、南诏文化、移民文化、护国文化、抗战文化、西南联大文化、红色文化。

这里是民族文化的富聚区，民族文化多样性的活态博物馆。26个民族中16个独有民族，15个民族跨境而居。民族文化丰富多彩、博大精深、底蕴深厚、特色鲜明。如彝族的毕摩文化、藏传南传佛教文化、傣族的贝叶文化、纳西族的东巴文化、哈尼族的梯田文化，等等，还有各种各具特色的丧葬、婚姻、服饰、建筑、节日、歌舞、生态等文化形态。此外还有各民族长期以来相互交融、相互学习、共同发展而产生的综合性文化，如茶文化、医药文化、烟草文化、驿道文化、青铜文化、石刻文化等，异彩纷呈，不胜枚举。

云南各民族优秀文化是中华文化的重要组成部分，是中华文化的瑰宝，是中华民族文化大花园中的奇葩！在长期的历史发展中，在红土高原上，形成独具特色的历史文化、地域文化、民族文化，其突出特点是多样形态、多元一体、和谐共生。各种文化，相互交融。佛教文化、基督教文化和伊斯兰文化并存（即使在同一宗教内，不同派别也和睦相处，如同为佛教，藏传佛教、南传上座部佛教和汉传佛教，亲密无间）、儒释道文化并存、原生态文化与现代文化并存、多民族文化并存。

在经济全球化、文化经济化、经济文化一体化的今天，文化既是社会生活方式，更是一种社会生产力，是各民族共同的精神家园。

“观乎天文，以察时变；观乎人文，以化成天下”（《易经－贲卦》）。习近平总书记指出：“要始终坚持道路自信、理论自信、制度自信，最根本的还有一个文化自信。”党的十九大报告提出：“要坚定文化自信，推动社会主义文化繁荣兴盛。”“没有高度的文化自信，没有文化的繁荣兴盛，就没有中华民族伟大复兴。要坚持中国特色社会主义文化发展道路，激发全民族文化创新创造能力，建设社会主义文化强国。”这是党中央赋予我们这一代哲学社会科学工作者的历史使命！承担起新时代这一历史使命，必须在新的实践基础上，用中国特色社会主义文化引领，推动文化的创新发展。必须深入挖掘传统文化资源，从中吸取历史智慧，引导云南各族人民树立正确的历史观、民族观、国家观、文化观，推动文化创造性转化。还必须为各族人民提供丰富的精神食粮，不断满足人民过上美好文化生活的新期待。

古人云："虑不远不足以图大功，功不大不足以传永世"。云南省社科联为贯彻落实党的十九大精神，为传承、弘扬云南优秀传统文化，坚定各族干部群众文化自信，决定组织全省有关专家学者编辑出版“云南史话”系列丛书，分别为地方系列、民族系列、特色县市系列、民族文化艺术系列、重大历史事件系列五部分，每套丛书出版20种，共计100种。这是一项规模宏大的系统工程，计划用五年时间完成。通过本套丛书，我们将深入挖掘云南文化宝贵资源，认真梳理云南文化发展脉络，总结云南文化发展的特点及其规律，以期为增强文化自觉，坚定文化自信，牢记习近平总书记对云南人民的嘱托，闯出一条跨越式发展的路子，为努力成为民族团结示范区、生态文明建设排头兵、面向南亚东南亚辐射中心，谱写好中国梦的云南新篇章而奋斗！

是为序。

云南省社科联党组书记、主席　张瑞才

2017年10月

# 序

自古以来中国就有盛世修史的优良文化传统。为什么要修史？以史为鉴，可知兴替。通过修史探究社会发展规律，为今天社会更快更好的发展提供科学决策的依据，这个道理不言自明。

从昭通的建制沿革看：宋封乌蒙，元置乌蒙路，明设乌蒙府，清代改土归流后方称昭通府。由此可知，乌蒙之谓，前后近千年。那么，乌蒙之义为何呢？清雍正九年（1731 年），云贵总督鄂尔泰到昭通改土归流上报朝庭的奏章中写道："举前之乌暗者，易而昭明；后之蒙蔽者，易而宣通。"由此可知，所谓乌蒙，就是乌暗蒙蔽，而昭通就是昭明宣通，虽然鄂尔泰对乌蒙的解释似有望文生义之嫌，但从当时昭通的地理环境和交通状况看，也不无道理，而昭明宣通，则恰到好处的道出了千百年来昭通广大民众的心理期盼。现今大多数中国人接触乌蒙一词是从毛泽东的七律《长征》：“乌蒙磅礴走泥丸”中看到的，而今天的昭通已经不是那个“乌暗蒙蔽”的乌蒙了。

从乌蒙到昭通，其症结都在一个通字上。乌蒙时期：不通；现今的昭通：四通八达。

昭通的昭明宣通是从豆沙关的五尺道开始的。相传第一位有名有姓的昭通人是商末周初的杜宇。杜宇当时已是昭通的农耕专家，他与爱妻梁利一起率领族人沿朱提江（关河）北上，意欲将昭通先进的农耕文明带入四川。他们在豆沙关前被壁立千仞的大峡谷挡住了去路。杜宇和他的部族硬是在悬崖绝壁上开凿出著名的五尺道。从而顺利抵达四川，五尺道从此成为云南通往中原的唯一通道，而今五尺道上的马蹄印仍清晰可见，它是昭通人追求昭明宣通的历史见证。而昭明宣通的真正实现，乃是20世纪80年代后逐步实现的。而今站在豆沙关左岸的山巅上，人们可以看到在豆沙关方圆三公里的范围内出现了一个奇特的交通博物馆。一是豆沙关上古老的五尺道，二是五尺道下的213国道，三是213国道下连通长江的关河水道，四是关河右岸的内昆铁路，五是豆沙关山顶上的昆渝高速，六是飞越豆沙关上空的昭通直航北京、深圳等大中城市的空中航道，七是无形的无所不至的光纤通讯。至此昭通终于实现了祖祖辈辈渴望的四通八达。

昭通这个历史上的荒蛮之地，其实是一个人杰地灵的圣地。

昭通历史上的杰出人物数不胜数。除开掘五尺道的杜宇外，清末出现云南文化名人肖瑞麟。肖瑞麟早年留学日本攻读师范教育，学成返昭后创办第一所具有现代意义的师范学校，即现今昭通学院的前身，他是昭通现代师范教育的开拓者和奠基人。肖瑞麟还是一位杰出的历史学家，他所著的《乌蒙纪年》（四卷）记载了汉代到清代昭通历史上的47件大事，是研究昭通地方史的经典之作。肖瑞麟又是一位杰出的诗人，他创作的《榴花馆诗存》（十卷），共收入古诗和五、七言律绝2000余首，是昭通古典诗歌创作数量最多的一位大诗人。张开儒是孙中山先生的总参谋长，在护国讨袁中大显身手。云南王龙云，抗战中组织60军，58军奔赴国内各抗日战场，为国效命。60军在台庄战役中殉难的昭通籍官兵多达4000余人。被誉为中共36个军事家之一的罗炳辉，曾是新四军的主要指挥员之一。国宝级国学大师姜亮夫，在敦煌学、楚辞学，语言学、文字学等领域都有过人的造诣，其学术论著多达十余卷。

用地大物博来形容昭通的物产和资源，是恰如其分的。据《昭通地区国土资源》载：昭通的煤储量约210亿吨，居全省第二位；硫铁矿储量14亿吨，居全省之首；铅锌金属储量占全省第五位；重金属储量占全省的39.6%；贵金属“朱提银”名扬全国，储量达50.6吨；砣矿储量达18亿吨，已探明的各类矿产资源多达33种。昭通地处金沙江下游，水资源极为丰富，适宜建设大型电站。现已建成向家坝电站，装机容量640万千瓦；溪洛渡电站即将竣工，装机容量1386万千瓦；白鹤滩电站即将开工，装机容量预计超1600万千瓦。三大电站的发电量远远超过世界闻名的三峡电站。因此，与其说云南是国家西电东送的基地，不如说昭通才是国家西电东送的真正基地。此外，昭通的农特产品也极为丰富。著名的小草坝天麻驰名中外，昭通的马铃薯产量大、品位高，现已成为全球马铃薯种源地。昭通还盛产苹果、花椒、核桃、牛干巴、火腿等大宗特色产品，热销国内外。昭通有一句俗话：“拉不完的昭通，填不满的叙府（四川宜宾）。”由此可见，昭通物产的独特优势。丰富的物产资源是奠定昭通后发优势的坚实基础。

20世纪80年代中国兴起的改革开放大潮，给昭通的发展带来了前所未有的历史机遇。从1987年党和国家最高领导人胡耀邦视察昭通，并亲自题写“扎西会议会址”后。党和国家最高领导人先后视察昭通的有：朱镕基总理视察昭通宁边苗族村后，拍板修建内昆铁路昭通段；

胡锦涛视察昭阳区三甲村后，提出新农村建设；习近平视察鲁甸地震灾区后，做出四个全面（全面建设小康社会，全面深化改革，全面依法治国，全面从严治党）的战略布局。党和国家最高领导人视察昭通，带给昭通人民一笔笔巨大的精神财富。精神力量可以转化为物质力量，因此我们有理由坚信：昭通的明天一定会更美好，中国梦的昭通新篇章也一定会更美好。

值此昭通社科联组织编写的《昭通史话》即将正式出版之际，谨以此文表示由衷的祝贺。

是为序。

周天忠

# 目　录

# 一、一方水土，化育斯民

## ——昭通地理空间与资源环境

从宏观位置看，昭通位于我国由东北向西南延伸的农、牧过渡带上，史前时期这里也曾流行细石器、石棺葬等原始文化。数千年来，众多的族群部落，在这块土地上生息繁衍，经历了多次融合与冲突。

昭通地处南方丝绸古道之要冲，中外文化也曾在此汇集交融。正是多元文化的碰撞、整合与滋润，赋予了这方热土雄浑古朴的历史内涵，显示出独特的文化特征。历史上，昭通境内农耕与畜牧交错分布，也是环境变化的敏感地带，生态结构较为脆弱。

### （一）大西南腹心，鸡鸣三省之地

在中国政区图上，云南像一只昂首啼鸣的金

鸡，其传神之处正是由云南伸向四川、贵州的鸡头部分——昭通市。昭通雄踞于中国大西南的腹心区域，地处云、贵、川三省结合部，素称“鸡鸣三省”之地。往北为四川盆地，往南进入云南高原，东接贵州高原，西部紧邻横断山区。无论自然环境还是人文特性方面都具有明显的过渡性。由于历史上昭通与巴、蜀关系密切，明、清时期又曾隶属于四川，故民间对之另有“三川半”的戏称。顾祖禹《读史方舆纪要》评价乌蒙府（今昭通市）的战略位置为：

下临滇、黔，俯视巴、蜀，地高山险，屹然屏障，亦西南要地也。

昭通市总面积23021平方千米，下辖昭阳区、鲁甸、巧家、盐津、大关、永善、绥江、镇雄、彝良、威信、水富十一个县区。昭阳区是昭通市政府的所在地，为全市的政治、经济、文化中心。2010年第六次人口普查，全市常住人口5213533人，城市化率21%。昭通市境域位于金沙江下游地区，属于云南省东北部，是全国19个重点开发区之一“攀西——六盘水开发区”的中心区域。东与贵州的毕节市接壤，西部、北面以金沙江为界，与四川的宜宾市、凉山州隔江相望，南连云南曲靖市。

昭通历史上为云南通往中原的重要枢纽，扼“南丝绸之路”要冲，锁钥南滇，咽喉西蜀，东控黔巫，西连邛笮。自秦开五尺道，汉置犍为郡，得中原文化风气之先，与滇池、洱海三足鼎立，共同构成了云南历史文化的主体。正是由于地处大西南腹心的独特区位，导致昭通从古到今成为各方势力竞相角逐的战略要地。

夏商至春秋时期，昭通境域曾是巴、蜀、夜郎、牂牁、百越、邛笮、西僰、古滇等方国部族此消彼长的争夺之区，战国之际又成为秦楚争霸的前沿。秦汉以降，蜀郡凭借四川盆地的地理优势，以及得中原文化风气之先的历史机遇，对南中地区起到了广阔的辐射和强劲的带动作用。汉武帝开西南夷，正是以部族为基础，在僰人区域设置犍为郡，夜郎境域则为牂牁郡、滇为益州郡、邛为越嶲郡。

隋唐至五代380年间，由于中原王朝与边疆少数民族政权之间实力的此消彼长，尤其是吐蕃和南诏两大地方势力的崛起，使得当时处于唐王朝与南诏之间的昭通境域几度易手。两宋时期昭通大部分属戎、泸二州所辖羁縻区域。这些生息于宋与大理缓冲地带的乌蛮部族，有时既听命于宋朝又臣服于大理，但多数时间处于自我发展的独立状态。

1253年忽必烈“革囊渡江”，大理败亡。宝祐三年（1255）蒙军自云南移师北上，兵出乌蒙，趋泸江，过马湖，通道嘉定，与北路军合师于重庆地区，包抄宋军。故《元史·兵制》说“乌蒙乃云南咽喉之地”。元朝在云南所设站赤共计七十八处，而乌撒乌蒙宣慰司就占了一半多，可见其地理位置之重要。明洪武十四年（1381），朱元璋命傅友德征云南，特别强调乌蒙地区的战略位置，他告诫：“当自永宁（四川叙永），先遣骁将别率二军以向乌撒（今威宁）……分据要害，乃进兵曲靖”。清朝改土归流，兵锋所指，首当其冲的就是滇东北乌蒙地区。

回顾历史昭通作为沟通中原与云南的一个重要走廊，在政治军事方面无疑具有极为突出的战略位置。就今日经济发展而言，昭通的区位优势也同样明显，是云南通往四川和长江中下游的北大门。随着水富港的改扩建、昭通机场航线扩展、内昆铁路、渝昆高速公路通车，以及“十三五规划”中指日可待的多条铁路、公路的开工建设，在构建南亚和东南亚国际大通道格局中的重要枢纽功能日渐完善。昭通作为滇、川、黔区域中心城镇的地位亦将不断提升和巩固。

### （二）典型的山区环境　多层次的生存空间

昭通市位于 26.5° N—28.5° N 之间的纬度带上，距离印度洋和太平洋都不太远，属典型的亚热带高原季风气候。夏季同时受到来自印度洋西南季风和太平洋东南季风影响，形成雨热同期的夏季气候；冬季受冷空气影响比全省其他州市次数多，强度大，形成干冷的冬季气候。年平均气温最高为巧家 20.9℃，最低为镇雄 11.4℃；降水量最高为盐津 1282 毫米，最低为昭阳区 946.9 毫米，多年平均日照时间最高为巧家 2157 小时，最低为盐津 869 小时。

昭通各县区气候要素差异显著，全市最热月出现在 7 月，平均温度 19.6℃—26.7℃，最冷月为 1 月，平均温度 1.4℃—12.3℃。昭阳区、鲁甸、巧家、镇雄、大关极端最高温度出现在 5 月，彝良、永善、绥江分别出现在 6、7、8 月，威信、盐津出现在9月，最高纪录为巧家42.7℃，低值为镇雄32.9℃。各县区极端最低温均为零度以下，且多出现在2月，最低值为镇雄–11.2℃，最高为巧家–0.3℃。1998年后全市气候变暖趋势明显。

从高空俯视昭通群山起伏的大地，其山河大势是：南高原、北盆地；地势自西南向东北降低；西边和北部金沙江汹涌而过，中部横江蜿蜒穿行，南部牛栏江峡谷深切。昭通西部分布着大片的玄武岩，属火山熔岩地貌，为中山和高山分布区；东部碳酸盐层大面积出露，喀斯特地貌发育，峰丛、石芽、溶沟遍布，溶蚀洼地、漏斗、盲谷众多，还有不少暗河、天坑、溶洞。全市海拔最高点——药山（4040m），最低点——水富港（267m），地势高差达3773米；山高谷深，坝子星罗棋布；山区占绝对优势（96.6%），平坝少（占3.4%）。昭通土地结构可通俗地概括为："九分山和原，一分坝和田"。

重峦叠嶂的乌蒙山、五莲峰，在昭通中部形成一道弧形屏障，把全市分为南、北两个干湿不同的区域，北部包括大关、盐津、水富、绥江、威信、镇雄和彝良、永善县北部、昭阳区北郊一角；

南部包括鲁甸、巧家和昭阳区大部分，永善、彝良南部。由于冷空气受到中部突起的地形屏障阻滞，经常停留在乌蒙山之北，造成北部冬半年阴雨蒙蒙，雾气沉沉，冷湿相伴，泥泞路滑的天气，是云南省冬季日照最少的地区。

由于冷空气受阻于北部，南部冬半年则呈现日照多，降水少，温暖干旱的特征。只有当冷空气特别强大时，方能突破这条地形屏障进入南部地区形成寒冷天气。对此，唐宋文献已有记录。《蛮书》载："至蒙夔岭，岭当大漏天，直上二十里，积阴凝闭，昼夜不分。"蒙夔岭就是今日彝良、大关县和昭阳区之间的乌蒙山岭，恰好为南北干湿区的界山。《太平寰宇记》也说，僰道有大漏天、小漏天。《元和郡县图志》载其气候特征为：

穷年密雾，未尝睹日月辉光。树木皆衣毛深厚，时时多水湿。昼夜沾洒……土人呼为漏天也。

昭通南北纬度相差不到两度，而垂直高差却有 3700 多米。南部干旱区和北部阴湿区的划分，远不能反映气候的复杂性，由于山区千变万化的地形起到了对水汽和热量进行重新分配的作用，产生了昭通垂直差异远远大于水平变化的立体气候特征。导致低海拔地区炎热，高海拔地区温凉；向阳坡温暖，背阴坡凉爽；迎风坡多雨，背风坡少雨的差异。镇雄民谣“塘房大晴天，芒部雾沉沉，只隔一座山，竟是两个天”，就是对此气候特征的生动反映。具体来说，昭通的降水规律是：高寒山区多，江边河谷少。在一个县、一个乡，甚至小到一个村都具有寒、温、热的气候层次。

根据积温的不同，昭通境域可划分出南亚热带、中亚热带、北亚热带、南温带、中温带、北温带等6个温度带。若根据地形差异，则南、北两个干湿区，都可以由低到高再分为江边区、河谷区、一般山区、高二半山区、高寒山区五个层次。南部的昭鲁盆地，面积广阔，地形平坦，洒渔河蜿蜒其间，海拔1850—2100米，积温3237℃，属南温带气候类型，为全市开发程度最高、经济最发达的地区，故单列为一块。由此，便形成了昭通“南北两区、五层十一块”的自然区划。其中，北部区域土地面积占全市的62%，南部为38%。

1. 江边区：主要指金沙江河谷地带。空间狭窄，谷坡较陡，气候炎热，热量丰富，霜期短，属南亚热带和中亚热带气候类型。北部湿热，地势稍缓，海拔 267—700 米，以绥江县城为代表，积温 5772℃；南部燥热，海拔 550—1200 米，以巧家县城为代表，积温 7232℃，年蒸发量相当于降水量的三倍有余，故干旱十分突出。

2. 河谷区：河流深切，地形陡峻，属中亚热带和北亚热带气候类型。北部为暖湿河谷，以大关县城为代表，海拔 350—1100 米，积温 4596℃；南部为暖旱河谷，以鲁甸小寨为代表，海拔 1200—1700 米，积温 5356℃。

3. 一般山区：分布最广，面积最大，气候温和，日照长，属南温带气候类型。北部是温湿一般山区，以镇雄县城为代表，海拔 1100—1700 米，积温 3208℃，面积较大，起伏和缓，地势较为开阔；南部属温旱一般山区，地形较陡，以牛栏江半山为代表，海拔 1700—2100 米，积温 4324℃。

4. 二半山区：面积仅次于一般山区。属中温带气候类型，光热条件差，云雾多、湿度大、暴雨集中、低温冷涝突出。北部称二半山区，以大关罗汉坝为代表，海拔 1700—2200 米，积温 2408℃。南部称为高二半山区，以鲁甸水磨乡为代表，海拔 2000—2400 米，积温 2850℃。

5. 高寒山区：位于高原顶部，地形波状起伏，气温低，热量少，但光照强，降水达 1100 毫米以上，属北温带气候类型。北部以马楠为代表，海拔 2200 米以上，积温 1300℃；南部以大山包为代表，海拔 2400 米以上，积温 841℃。

昭通人口分布深受地形影响，亦呈明显的立体特征。全区海拔 800 米以下河谷地带由于靠近交通线，人口往往聚集为村落和城镇，占全区总人口的 35%；800–2000 米之间的一般山区和二半山区，由于地形限制，人口一般分散居住，但容纳了全市总人口的 54%；2000 米以上的高寒山区，条件恶劣，人口较少，仅占总人口的 11%。由于接近山顶，地势平坦，人口又以村寨的方式集中分布。昭通开发历史较长，形成了多种多样的土地利用类型。其中耕地、林地、荒草地等农业用地占土地资源总量的 86% 左右，特别有利于农、林、牧生产的全面发展。但也存在山地多，平地少，耕地质量不高，土地利用不合理等问题。昭通人口密度已达 255 人 / 平方千米，远远超过全省和全国平均水平，上报人均耕地不到 1 亩（实际人均耕地不足 2 亩）。

目前全市约有一半的国土面积仍存在水土流失问题，其中中度以上水土流失面积约6000平方千米。地震、滑坡、泥石流等地质灾害频发，损失惨重，干旱、洪涝、冰雹、雷电等气象灾害频率高、灾情严重，植物病虫害也时有发生。全市森林覆盖率已由1980年的6.9%提高到35%。随着工业化、城市化进程的加快，环境污染、生态破坏、耕地短缺、水资源紧张等问题日益凸显。

### （三）搬不完的昭通——历史悠久的资源宝库

在高原季风气候及复杂的山区地形条件影响下，昭通植物资源极为丰富，清末民初，滇东北镇雄、昭通境内，许多地方依然是“密竹大木，蝮蛇恶兽，青草寒风，人莫敢入”，“有太古森林，巨木蔽日”。目前全市仍有高等植物5000多种。属于国家一、二类保护的植物有18种，其中珙桐、桫椤、五针白皮松、云南穗花杉、攀枝花苏铁、红豆杉等为一类保护植物。

类型各异的生态环境，给飞禽走兽、鱼虾蟹贝等种类繁多的野生动物提供了栖身之地。全市有鸟类148种，兽类200多种，鱼类110多种，昆虫840多种。珍稀动物共48种，著名者有黑颈鹤、黑鹳、金雕、娃娃鱼（大鲵）、中华鲟、中华鳖等。还有不计其数的微生物和各种菌类，其中天麻、竹荪、香菌等尤为著名。昭通目前已建立了大山包、药山、乌蒙山三个国家级自然保护区。

全市有鱼类19科113种。历史上，昭通横江之中，鱼类众多，成群出没甚至到了危害农田的程度，《华阳国志》载："崩容江（横江）出好磨石，多鱼害。"目前横江最大支流白水江特有鱼类已列入国家级水产种质资源保护区名录。今日昭通地名中，仍有渔船坡、打渔村、打鱼坝、撮鱼滩、鱼槛等，记录了先民捕捞鱼类的历史。此外，还有以鱼打头的100余个地名，反映了昭通江河溪涧等水域中丰富多样的鱼类资源。"罗关渔唱"为镇雄八景之一。清代大关县"十景"中亦有"吊桥渔火"。《滇南见闻录》载："昭通府鲫鱼甚大而佳，一斤至四斤不等，愈大则愈肥而嫩，其脂厚至半寸许。"

成书于东晋的《华阳国志》记载，堂螂县（今巧家、会泽一带）的特产有"杂药"，著名者为"堂螂附子"。昭通第一高峰巧家大药山就因盛产各种药材而得名。据不完全统计，药山自然保护区的药用植物（含菌种）多达850余种。其中，药用菌物11科17属23种，药用地衣4科5属7种，药用苔藓8科10属10种，药用蕨类植物28科42属55种，药用裸子植物7科12属15种，药用被子植物131科514属745种。[①]药山孕育了多种多样的生物群落，维管束植物1639种，分属193科742属。是著名的中药材产地和模式标本产地，其生物多样性在川、滇、黔三省交界地区最丰富且最具代表性，在《中国生物多样性保护行动计划》中被列为“森林生态系统的优先保护区”。保护区内有陆生脊椎动物262种，其中有国家一、二级重点保护动物31种。

丰富的生物资源，自古及今都是昭通人民赖以为生的天赐宝物。在种植业方面，粮、烟、油、糖、桑、果、茶、丝、麻、棉、杂等12个门类俱全，品系繁多。昭通是全国山嵛菜、马铃薯、白魔芋种植最适宜生长和种植面积最大的区域。“昭通苹果”和“昭通天麻”被列为国家地理标志产品。

① 彭明春等．云南药山自然保护区生物多样性及保护研究．北京：科学出版社，2006年，第2页．

目前昭通有温带和亚热带大宗水果30余种，除苹果已成为经济林果中的龙头产业之外，黄梨、李子、枇杷、柑桔、樱桃、葡萄、桂圆、芒果、石榴、甘蔗等也有一定的优势。其余较有竞争力的农林产品还有野生猕猴桃、核桃、板栗、花椒、茶叶、生丝、药材等。大关翠华茶，1919年曾获巴拿马国际商品竞赛会“二等商标奖”。早在元朝时期，就有乌撒芒部民“植茶三百里”的记载。乌撒乌蒙宣慰副使李京亦说，昭通境内的土獠蛮“常以采荔枝、贩茶为业”。

昭通有经济林木类高等植物151科457属1000多种。适生优势树种300余种，竹类11属46种54万多亩；草场面积广阔，共有高等草本植物174科1604种。境内丰富的竹类资源，仅从地名中就能统计出苦竹、甜竹、方竹、荆竹、石竹、刺竹、斑竹、水竹、箭竹、黄竹、金竹等二十多种。早在宋代，苦笋就已被《方舆胜览》列为僰道特产。黄庭坚说：“苦笋萌于土中，才一寸许，味如蜜蔗。初春则不食，惟僰道人食。”其《苦笋赋》云：“僰道苦笋，冠冕两川。”

早在秦汉时期，蜀郡商人就经五尺道进入昭

通境内贸易。以食盐、布匹、琉璃、珊瑚、海贝、铁具等换取马匹、山货、药材等。当时市场已使用金、银和五铢钱；汉代朱提银为全国流通的货币。朱提所铸“大钱五十”铜币，流通于朱提、南广、堂琅及附近地区。自唐宋时期开始，金沙江流域成为西南著名的木材基地，史载唐会昌元年（841）大水，马湖一带林木漂流而下，形成“浮木塞江”的景象。

宋代，居住在今昭通境内的“南广蛮”“董蛮”和“石门蕃部”等少数民族商人，将马匹、毡衫、木板、花椒等物品运往四川叙州出售，并以贡马形式同宋王朝进行茶马贸易。昭通境内的吕告蛮、阿永蛮都到市马场卖马，同时携带茶、麻、酒、米、鹿、豹皮等物品，博易于市。其中阿永部的商贸队伍每次多达2000余人。① 太宗太平兴国（977–984）年间，宋朝就正式在戎州设置市马场，与石门、马湖部开展互市。当时还有不少汉族百姓自带粮食，深入马湖境内伐木锯板，充当佣工。

昭阳区、鲁甸、巧家、永善等县盛产蜡虫，

① 贾大泉主编，四川通史第四册．成都：四川大学出版社，1994年，第126页．

巧家红山曾是我国白蜡生产的重要基地，白蜡是白蜡虫的分泌物，是机械、化工和医药等方面的重要原料，作为传统出口商品，在国际上享有很高的声誉，被称为“中国蜡”。昭通白蜡虫具有产蜡多、蜡质优良的特点，昭通蜡虫 1 斤虫种可产蜡 5 斤，而四川本地的白蜡虫，1 斤虫种一年只产蜡 1 斤。过去四川、贵州、湖南等地的“虫儿客”都不远千里会集于昭通，人数多达几千上万，民间俗称“虫儿会”。史书记载“每年虫挑所过，州县城门，通宵不闭。”购买蜡虫后，“虫儿客”为了赶上放养季节，往往是两人一组，互换挑担不分昼夜地奔走。民国时期，永善作为中国蜡虫基地，产量居全国第一。德国地理学家李希霍芬在他的《中国》第 3 卷中描述道：

每年四月下旬，建昌的居民成群结队，背负着这些昂贵的虫卵，翻过崎岖的山地走向嘉定府。经过 14 天的强行军，抵达目的地。这期间，由于白昼的暑气会提前孵化虫卵只好打着灯笼在夜间行进。[①]

① 郭声波 . 四川历史农业地理 . 成都：四川人民出版社，1993 年，第 357 页 .

花椒也是昭通的原生优质香料之一。每年秋天花椒采收季节，像赶“虫儿会”一样要举行“花椒会”，川黔等地的花椒客纷纷赶到产地收购，然后沿驿道人背马驮运出区外，热闹非凡。此外，杜仲、五倍子、当归、党参、半夏、黄连、茯苓、柴胡等药材，以及桐油、梘油（乌桕油）、木漆等土产，马匹、黄牛、生猪、乌骨鸡等畜禽产品，均为昭通大量外销的传统商品。

昭通丰富的森林资源，不仅是老百姓赖以为生的命根子，而且还被远在北京的皇家惦记上了，这就是明清时期的“皇木”采办，明代文献称之为“神木”。成化二十二年（1486）南京明孝陵殿受灾，派人取大木于马湖，长十五丈，围三丈，其重数万钧，命马湖土司安鳌承办，漂运南京。明代采办皇木主要在西南各省，其中遵义府、马湖府等地（当时永善、盐津、绥江等县属四川马湖府），因水运之便，首当其冲。道光《遵义府志》载：“至明嘉、隆，乃屡下蜀中采木之议，而遵义木场遂与马湖等处并受其厄”。镇雄、乌蒙之木，“并属四川巡抚督率采运。”在今盐津滩头乡的方碑湾还保留着两处摩崖石刻。另有一首打油诗记录此事：

八百人夫到此间，山溪险峻路艰难，官肯用心我用力，四百木植早早完。

康熙六年动议建故宫太和殿，需大楠木做栋梁，昭通境域所属的四川巡抚亲临马湖踏勘。嘉庆八年屏山知县李师曾在“川境各老山内遍加采访，并无合适材料，直采至云南所属永善地方”，才找到19根符合标准的木材。“合者，镇雄、乌蒙之木，其南出云南金沙江”。翻开今天的昭通地图，以楠木打头的地名，如大楠木林、楠木桥、楠木坪、楠木坡、楠木岩、楠木坝等，比比皆是。

昭通市山区面积广大，草山草坡辽阔，畜牧历史悠久。《蛮书》载：“东爨乌蛮，邑落相望，牛马遍野。”《大元混一方舆胜览》载，镇雄一带“节气如上都，宜牧养，出名马、牛羊”。乌蒙马性情温顺，经过长期的选择，对山区环境具有广泛的适应性，善走山路和夜路，驮载能力强，素有良马之称。昭通也是猪、牛、羊、鸡等牲畜、家禽的原生地之一。

除生物资源优势外，昭通矿产资源也有一定优势，素有资源“金三角”的美誉，已知矿产资源33种，探明储量22种。昭通现在仍是全省三大有色金属基地之一；汞保有储量仅次于文山州居全省第二；锌居全省第四，铅为第五位；镁矿探明储量5599万吨。昭通历史上曾是金、银、铜、铅、锌等有色金属的重要产地。在新石器时代就出现了铜剑与铜斧。战国时期金沙江已成为楚国产金之地，《韩非子》说："荆南之地，丽水之中生金，人多窃采金。""丽水"就是金沙江，因元朝时盛产沙金而得名，据《元史·食货志》载，乌蒙、乌撒、东川等地都是"产金之所""至元十年（1283），拨常德、辰、沅、澧、靖民万户，付金场转运司淘采。金场曰：乌撒、东川、乌蒙"。《后汉书·郡国志》载："朱提，山出银、铜"。刘昭注引《南中志》说："旧有银窟数处。"考古学家发现商代青铜器中就有部分金属矿料来自昭通境内。[1]北京科技大学李晓岑教授的研究也表明来自昭通永善、巧家、昭阳区等地的矿质在商代中原青铜器中广泛存在，西周和东周时期逐渐

① 金正耀等．广汉三星堆遗物坑青铜器的铅同位素比值研究．文物，1995年第2期．

减少，东周以后消失。[②]

汉代朱提、堂郎等地仍大量铸造青铜器，是郡国官工中最大的铜器制地。西汉中期到东汉早期，官工产品比重很大。昭通本地出土的朱提铜器有双鱼洗、摇钱树、铜鼓、鸡尊、铜镜等数十种之多。另据湖南学者研究武陵山区两汉以后青铜器上的一些铭文，多出于朱提郡。[①]《华阳国志·南中志》载："堂螂县，因山名也。出银、铅、白铜"。白铜一般认为属于铜镍合金，是中国冶金史上一项杰出的成就，而《华阳国志》所载昭通境内生产白铜的时代最为古老。

汉代在鲁甸朱提山开采银矿，故称"朱提银"，为仅次于黄金的一流"银货"。三国时期仍有"汉嘉金，朱提银"的说法。任乃强认为，先秦时期朱提以银产著名，汉世冶金之术，朱提地区高于内地。"朱提"之得名，是因为"古人直以银之民族本语为其地区之名也"。[②]"朱提银"之盛名，

② 李晓岑．从铅同位素比值试析商周时期青铜器的矿料来源．考古与文物，2002 年第 2 期．

① 柴焕波．湘西古文化钩沉．长沙：岳麓书社，2007 年，第 181 页．

② 任乃强校注：《华阳国志校补图注》，上海古籍出版社，2007 年，第 280–281 页．

一直沿袭到清代，蒙学读物《幼学琼林》说：“白银出自朱提。”清雍正“改土归流”后，昭通掀起开矿热潮，银铜采炼吸引了大批省内外客商。乾隆年间，鲁甸乐马厂、永善金沙厂、彝良长发洞相继大旺。乾隆七年（1742）昭通银产量居全省八大银矿第二位，至嘉庆七年（1802），居全国之首。乐马厂鼎盛之时，曾有十万人在此采矿，形成三个集市。永善金沙厂银矿区亦有三千多厂民的集镇，最大的街场仅银铺就有48家。《昭通乡土志略》说：

在昔昭城，商业繁盛，厂务发达，称银用秤，滇铜蜀盐，车马交骈，秦楚赣粤，工商并进，苏浙梭布，填塞路径，百货云集，任人贩运。

商人们“上云南下四川”一路络绎不绝，一般是从四川运盐、茶、日用品等到昭通，销售后又把昭通的土特名产运到宜宾交易。史载每年运往宜宾的桐油二千余驮，花椒数十万斤，蜡虫一千多担，故有“搬不完的乌蒙（昭通），填不满的叙府（宜宾）”的民谚。

金、银、铜等贵金属，固然是财富的象征，但煤、硝、碱、硫磺、石膏、朱砂、石料建材等许多非金属矿藏，也是人民生活中不可或缺的资源。例如，昭通硫铁矿是全国五大矿区之一。硫储量全省第一，20 世纪 90 年代硫磺产量占全省 90% 以上，是全国总产量的七分之一，仅镇雄一县的产量就占全省之半。煤炭、汞、铅、锌、镁、硅石等矿产，今日仍是昭通的现实优势资源；银、石膏、水泥用石灰石、大理石、冰洲石等为潜在优势资源。优质硅矿储量 22.33 亿吨。

昭通历史上对上述非金属矿的开采与加工也非常普遍，并在地名中留下了深刻的印迹。如：硫磺厂、硫磺洞、硝洞岩、熬碱沟、石膏地、朱砂洞、打石厂、矿山上等。巧家“碗花”这一地名提供了矿物染料的线索。“碗花”又称土墨、碗青、大青。新纂《云南通志》载：“碗花属含钴矿物，且为滇中特产。元明以来即已开采”。元代景德镇烧造的青花原料即产自云南。昭通境内除巧家小河塘“碗花洞梁子”的地名之外，昭阳区和鲁甸也有“碗花厂”的地名。

昭通传统能源以水力和煤炭为主。煤炭预测储量 200 多亿吨，居全省第二，占总量的 1/3。其中，褐煤（84 亿吨）和无烟煤（114 亿吨）储量为全省之冠。仅巧家一县散见于各乡村，以“炭山”“煤炭沟”等与采煤活动有关的地名就有14处，可见当初小煤窑分布之广。

长江既是中国的黄金水道，又是能源基地。交通部命名的“长江第一港”正是昭通水富港。昭通水能资源富甲云南，金沙江干流有458公里流经市境，境内向家坝、溪洛渡、白鹤滩三座巨型水电站，总装机3060万千瓦。随着技术的进步，昭通风力发电、太阳能、沼气等新能源的利用也在不断普及，呈异军突起之势。

# 二、乌蒙磅礴，金沙奔流

## ——雄浑的滇东北山原景观

一代伟人毛泽东以“乌蒙磅礴走泥丸，金沙水拍云崖暖”的名句，对昭通雄奇的山水景观作了精辟的概括。昭通地形的基本格架正是由乌蒙山和五莲峰两大山系，金沙江、横江、牛栏江三大河谷所控制的。由于地壳的抬升和水流的切割，使得本来平坦完整的滇东北高原面被分割得千沟万壑，崎岖不平。

乌蒙山地处昭通东北部，包括镇雄、彝良、威信及昭阳区、鲁甸、大关、盐津东部，约占全市面积的二分之一。五莲峰为横断山脉凉山山系的最东支，由于形成年代比乌蒙山晚，加之受地壳运动的抬升，高度较大，平均海拔在2500米以上。其范围包括绥江、永善、昭阳区、鲁甸、巧家和盐津、大关西部，面积约占全市之半。受小江断裂带的影响，五莲峰山区是地震多发区。乌蒙、五莲两大山系大体上以洒渔河——横江为界，东为乌蒙山，西属五莲峰。

昭通大地山峦重叠，河流深切。纵横交错的山谷中奔流着 393 条大大小小的河流，在一些较大的河谷中亦有不少坝子和缓坡台地，居住着稠密的人口。全市河流均属长江水系。根据习惯，又分为金沙江下段水系，长江上游干流和乌江水系。金沙江是全市最大的过境河流，也是川滇界河，沿岸有巧家、永善、绥江、水富四座县城。

## （一）群峰竞秀　关山万重——昭通高原山地景观

山地作为一种特殊的文化生态，在昭通地名中打下了深刻的烙印。昭通以地形得名的乡镇就有 27 个，如：大山包、尖山、梭山、龙头山、青岗岭、莲峰、乌峰、坡头、大湾等。此外，鲁甸大山山、盐津乱山子、巧家乱山等，无一不反映出昭通山峦起伏，群峰错杂的地形特征。

万山阻隔，群峰环绕，造就了昭通“山高石

头多，出门就是坡”的生存环境。对此，亦有：石旮旯、石梁子、门前山、对面坡、后山坡等地名为证。环境的时空作用决定了区域地名的整体特征，昭通山岭相间的大地上，形成了各种复杂万端的小地貌地名。如：陡山、环山、尖峰山、圆山顶、齐头岩、台子坳、陷孔塆等。山地作为一种特殊的文化生态，孕育了独特的“石质文化丛”，在昭通山区，石头的身影无所不在，如石厂、石灰窑、石墙、石瓦、石桌、石凳、石碾、石碑、石板路、石桥等石制品随处可见。

说到昭通的山地景观，就不能不使人想到那些林立的关山隘口。全市各种关隘、山口地名总计不下500余个。如永善大叠口因山峦重叠，气势雄浑而得名；威信穴场坳，是行人必经之处，取其犹如咽喉穴道之意。巧家、彝良都有叫空欢喜的地名，而且意思都一样，即指：山大坡陡，行到此地之后还得爬坡赶路，让人空欢喜一场。真是“莫言下岭便无难，赚得行人错喜欢。正入万山圈子里，一山放出一山拦”。

“雄关漫道真如铁，而今迈步从头越。”关塞作为一种独特而复杂的地理景观，既有自然基础，又具人文底蕴。昭通甚至有一个县级地名就是直接以“大关”命名的。该县位于昭通腹心区域，全县仅有罗汉坝、大寨、火地、甘顶四处平坝，总面积也只有12平方公里，其余均系峡谷陡坡。民国《大关县地志》载：“大关以有险可守，关寨重叠，故名”。大关县为滇东北咽喉之要冲，境内古驿道所经之处有大关垴、大关河、小关溪、云台山、老鹰岩、栅子门等极险之处。“要经五尺道，必闯数十关”，张维翰《大关县志》亦云：“诸大小关口，足称是一大关”。

云台山峡谷，位于大关县城以北20公里，是一长约8公里，高600余米的陡峭峡谷，为全县最长的山峡，属滇川要道之险峻隘口。关河由谷底自南向北奔流而过，沿河两岸相距50—100米，壁立千仞，常年有山泉从崖顶飞泻直下。大关栅子门是五尺古道上的又一险关，位于县城南3公里的大关河东岸，该处灵官岩，山高箐深，地势险峻，向为滇川孔道，是一长2000余米，高数百米的深谷。民国云南省民政厅有关各县“更改县名案卷”载：

距县治十里之栅子门地方，峭壁千仞，鸟道崎岖。骑不得成列，车不得方轨，山高箐密，地形险要。因其关锁之固，乃定名大关。

昭通历史上最著名的险关隘口是盐津豆沙关。其关口位于古朱提江（关河）两岸峭壁对峙之处，远望如石门，故唐、宋时名为“石门关”，元、明改称“罗佐关”，清称豆沙关。豆沙关雄居五尺道上，头顶绝壁，下临江流，两岸崖壁高约600米，最窄处仅100米，关口通行之处仅宽3米，是古代由蜀入滇的要塞。从唐代贞观四年起，历代都在此筑堡设关。《蛮书》载：

石门东崖石壁，直上万仞；下临朱提江流，又下入地数百尺，惟闻水声，人不可到；西亦是石壁，旁崖亦有阁道。

唐宋时期，南诏、大理国先后称雄于云南地区，昭通恰好处于中原王朝与南诏、大理国之间的缓冲地带，豆沙关正是沟通双方联系的要道枢纽。唐贞元十年（794），御史中丞袁滋持节册封云南异牟寻为南诏时，在豆沙关崖壁上留下了著名的摩崖石刻。

威信两合岩。此处因扎西河从一峡谷中奔流

而过，两岸崖壁紧靠，犹如两山合二为一，故名两合岩。地势险峻，绝壁如刀削斧劈，谷深200米，宽20米，长500米，号称“两合岩天险”。1935年中央红军路过此地，并在威信召开了具有重要历史意义的扎西会议。陈云在其《随军西行见闻录》中回忆道：

经川黔边沿赤水河上游西走，经过许多小路，为红军西行以来湘黔两省从未经过之小路，尤以两合隘最为险要。由两合隘进威信县为三十里，两边削壁中有水沟，一边山崖上凿一人行道通过，只要道路破坏五尺，军队即无法通过。

镇雄阿赫关，明清时为芒部与乌撒之界关。曾家坳口为镇雄与威信两县界关，地势险要，东西两侧山峦耸峙，仅此地有一凹陷，南北稍缓，坳口仅宽4米，为滇、川、黔交通咽喉。南天门亦为古关要隘，是大黑山上一垭口，通往昭通城之要道。

彝良伐乌关，位于今彝良县钟鸣乡境内，清朝时讨伐乌蒙土司禄万钟于此得名。雍正《朱批谕旨》载：“三关（豆沙关、大关、伐乌关）均属天险，悬崖峭壁，箐大林深，失之虽易，得之甚难”。清朝历史上在昭通设过的关隘还有虎洞关、阿黑关、怀德关等镇雄八关，以及永善金锁关、曲龙关、黑铁关等。

### （二）千古江流　空谷回音——昭通江河峡谷景观

河流作为非常活跃的外营力，对地表具有侵蚀、搬运和沉积作用，由此形成千姿百态的河谷地貌，对人类居住环境产生了不可低估的影响。昭通山高水低，峡谷幽深，雄峰突起的壮美景象，在昭阳区鸡公山峡谷，有着最为直观的体现，从大山包最高点双石包（3364 米）到大寨乡最低的金沙江水面（404 米），水平距离不到 20 千米，垂直高差却有 2870 米。

河流是天然通道，自古就是联系人们的纽带。昭通全市 11 个县（区），有 7 个县城位于江岸河边，充分说明了河流在交通联系上与生俱来的重要性。此外，巧家县金沙江边的杨柳古渡、盐津县横江边上的普洱渡、盐井渡、牛栏江边的韦家渡都是因水运而兴起的居民点和集镇。金沙江河谷自新石器时代起就是重要的交通孔道，历代先民对金沙江水运的开发利用从未间断。据《昭通地区志》

载，周赧王三十年（前285）“开五尺道，渡金沙江，以通滇蜀”。[1]唐宋以后，金沙江横渡，尚有小船载运。宋代在马湖江设有573里水驿路。《方舆胜览》曰：

马湖部之后，舟行十余日方至平夷，合石门江，至三江口会蜀江。

直到明清时期，过往金沙江两岸的客货都以船渡为主。明正德、嘉靖、万历以及清雍正时期都有过开通金沙江航运的设想。清代第一次大规模疏浚金沙江航运的工程，是由大学士鄂尔泰首倡，云南总督庆复率先赞成，乾隆支持，由继任总督张允随躬亲督查。金江航道疏浚工程先后调集80余万人力，从筹划勘测至竣工，历时8年，耗银20万辆，凿滩100余处，打通航道1300余华里。两岸悬崖绝壁处，则开凿万余丈纤路。乾隆十二年（1747），金沙江航道开通，运京铜300余万斤。

横江为昭通另一重要水道，古称朱提江、石门江、土獠蛮江等。横江早在晋代便已通航。

① 昭通地区地方志编纂委员会．昭通地区志中卷．昆明：云南人民出版社，1999年，第165页．

宋代从阿蒙坝（豆沙关）可以双舟并行100公里到今宜宾县安边。元朝至元年间（1264—1294），在云南所设的唯一一条水路就是昭通的关河航道，共设水驿站4处。据《经世大典·站赤篇》载："乌蒙北至叙州……陆路七、八日程，顺水一日可到"，但终因"叶梢站江河险恶，船只不可进"而废止。从明到清初横江水运阻塞难通。乾隆七年张允随奏请开凿关河航运，两年之后便告竣工，但仍是滩险水急，"往来船只，稍一失慎即遭覆溺"。1979年，213国道全线开通，因修路时开山炸石造成横江航道严重堵塞，关河水运急剧萎缩。

南广河上游在今云南威信县境内叫罗布河，北流四川珙县罗星渡，经高县于翠屏区南广镇注入长江。明代曾在南广河上开凿过运粮航道，终因滩石险峻，舟楫难通而废弃。乾隆七年，张允随奏准开凿各滩之后得以恢复通航。

古人云："顺水而行，千里咫尺；乱流而涉，咫尺千里"。河流既给人类带来了沟通千里的自然便利，同时也产生天堑横绝的阻隔之苦。正如民谚所云："隔河如隔天，渡河如渡险"。如果要横穿一条河流，则深邃的河谷又成了天然险阻。桥梁因此成为保障道路畅通的关键和枢纽，也是人们关注的焦点之一。中国古代的桥梁类型主要有多跨梁桥、浮桥，单跨、多跨拱桥，伸臂梁式桥、虹桥、绳桥、竹索、铁索桥等等，而索桥正是起源于中国的西南山区。昭通早期桥梁以木梁、竹索为主，清代始建石桥和铁索桥。昭通旧志载：

全境原有铁桥四……余则石桥甚多。间有以一绳系河两岸，人悬绳下，用它绳牵引而渡，名曰过溜，大关、角奎诸河俱有用者，然危险极矣。[①]

“纵非天马也行空，一跨能穷天外天”。飞架于深山沟涧、小河溪流之上的座座桥梁，正是昭通人民世世代代在关山阻隔的山区环境中，为生存而奋斗，不断开拓进取的恒心、决心和爱心的永久见证。

在昭通境内众多的江河山涧之上，过去除有少数桥梁沟通之外，多数地方主要靠舟楫和溜索渡河。其中渡口又有官渡、义渡、私渡之分，金沙江沿岸的巧家一县就曾有各类渡口 40 余处。老

① 昭通旧志汇编编辑委员会 · 昭通旧志汇编（二）. 昆明：云南人民出版社，2006 年，第 494 页 .

渡口为滇川间著名古渡，又名“杨柳古渡”。曾是滇川交通要道。相传为汉时之“泸津”，是诸葛亮“五月渡泸”的地方。纵横交错的江河溪流虽然并非不可逾越，但遍布全区的天堑峡谷确实对两岸人民的交往造成极大的障碍。昭通先民们面对深沟激流，或设渡口，或架溜索，通过艰苦卓绝的奋斗，在一定程度上克服了山川阻隔，使天堑成了通途。

“大江东去有新滩，舟子狂呼行路难，我道漫言滩水恶，客书无不报平安”。提到金沙江航运，不能不提到著名的“金江号子”。行船时号工根据前面的滩形水势领唱，主要起报告、提醒和鼓劲的作用，后面的纤夫和水手则根据号子节奏随时调整行船和拉纤路线，前呼后应，齐心协力，共斗险滩恶浪。关河航运亦有船夫号子，主要分为上水调与下水调。由一人领唱，众口帮腔，随航行所遇平水、激流、险滩的情形而变换，触景生情，见人唱人，见物唱物。

昭通众多的江河险滩，主要是清朝滇铜运京，开通水路之后载入史册的。当时已将众多滩口区分为最险、次险、小险、一般共四个等级。金沙江河道，自永胜金江街至宜宾一千余公里范围内，“计有险滩二百余处，无名急险滩一百余处，合计约有四百余滩。又以两岸山崩，到处可见，水道形势随时变迁。”正是这众多的险滩激流使金沙江航运始终未能畅通。

### （三）平畴连山　阡陌交通——昭通盆地坝子景观

昭通高原山地占全市面积的96%以上，但在雄浑起伏的群山之中也发育了一些相对平坦的山间盆地、河谷冲积平原、阶地、河漫滩和冲积扇，局地还有起伏和缓的高原面、剥蚀面和宽谷浅丘，当地老百姓将这些平缓的区域统称为“坝子”。东部以溶蚀坝与溶蚀河谷坝为主，西北及北部以河谷坝为主，中部和南部为断陷湖盆及河谷坝。

昭通境内面积大于一平方公里的坝子共有126个。其中较大的有昭鲁坝子（843平方公里）、靖安坝子（20平方公里），鲁甸龙树坝子（53平方公里），镇雄母享坝子（22平方公里）、以勒坝子（21平方公里），彝良松林坝子（20平方公里）等。此外，金沙江河谷虽然陡峻，其间也散落着多处坝子，如巧家米粮坝、马树坝，永善井底坝，绥江珍珠坝、大沙坝、凤池坝、中碛坝等冲积、沉积小坝，多为良田沃土。坝子一般都是人口稠密、经济发达，交通便利的地区。昭通所有的县城和重要集镇均位于大小不同的山间盆地及河谷坝区。如原绥江县城位于金沙江河谷的中碛坝（已被向家坝电站水库淹没），雍正八年（1730）建立的永善老县城位于莲峰，其地因有五峰并峙，形似莲花初绽，故名“莲峰”，曾为“永善八景”之首。1951年县城迁至井底坝，即今溪洛渡镇。彝良光绪年间的老县城位于奎香坝子，宣统二年（1919）迁至角奎大坝子。此外，大关吉利镇、盐津的普洱镇、水富楼坝镇等，均位于横江沿线的河谷平坝中。

昭鲁盆地面积843平方公里，是云南省第二大坝子，平均海拔约1950米。最高温度超过30℃，极端最低温度可达零下10℃左右，年平均气温13℃。盆地西部的洒渔河上建有渔洞水库，是以农业灌溉为主，兼有发电、工矿和城市生活供水，并补给下游梯级电站用水及防洪等综合功能的国家大二型水利工程（调节库容3亿立方米，调洪库容0.37亿立方米）。早在东汉的《孟孝琚碑》

中就有“凉风渗淋，寒水北流”的语句，描述了洒渔河由北向南奔流的景象。据研究，昭鲁坝子属于构造坳陷型盆地，地质年代中的第三纪上新世（530万年-260万年）沉积物厚达千米，褐煤煤层巨厚（120-235m），储量大，分布广。[①]在采煤场的地层中发现过许多大象、犀牛、鹿、大熊猫、三趾马、河狸、水鸟等化石，特别是古象化石，无论种类、数量还是化石保存的完好程度等，都有不少令人称奇之处，因而被誉为“古象之邦”。2009年昭阳区水塘坝发现了距今600万年左右的古猿头骨化石，对探索人类起源具有重要的科学价值。

昭鲁盆地优越的生态环境为早期人类的繁衍生息提供了理想的条件，10万年前就有“昭通人”活动于盆地边沿的过山洞。新石器后期的闸心场、马厂、野石等重要遗址就位于坝子中的湖滨地带。至秦汉以来，昭通坝子已成为滇东北重要的政治、经济、文化和交通中心，汉晋时期的朱提郡城、唐代的曲州、协州治所，

① 屈念念，李家斌．云南昭通盆地重磁特征及其地质意义．中国地质调查，2016年第4期，第37-42页．

元明清的乌蒙土府，以及清代的昭通府城都位于昭鲁盆地之中，今日坝子中除昭阳区外，还有鲁甸县城。鲁甸之地，南诏、大理时为乌蒙部，故有“小乌蒙”之称。《蛮书》云：

从石门外出鲁望、昆川至云南，谓之北路。……第九程至鲁望，即蛮、汉两界，旧曲、靖之地也。曲州、靖州废城及邱墓碑阙皆在。

鲁望，又称鲁望川，即今日之鲁甸，彝语称山间平地为“甸”，如镇雄罗甸、大关南甸、彝良甸坝等。《明史·土司志》载，昭通境域古有“窦地、的巴、东川、大雄诸甸。”《读史方舆纪要》说，镇雄“古名屈流大雄甸，其后乌蛮之裔阿统与其子芒布居此，因名芒布部，山川险厄，地势崎岖，控御群番，屏障内地。川、贵、云南水陆噤喉之会也。”乌蒙，“故名窦地甸，又有小乌蒙在府治北七十里，四围皆山，中央平坦，蛮人耕种于此，号为杰纪。”

昭鲁坝区，土地平旷的地形特征，《蛮书》中亦有记载，从蒙夔岭“南下八九里，青松白草，川路渐平”。据郭声波考证，位于昭鲁坝子内的乌蒙城有三处，一在今昭阳区旧圃镇，一在太平乡，一在土城乡。他写道：

《大明一统志》又说，府城（旧圜乌蒙城）东二十五里有石塔，高“一丈许，刻人马蝌蚪之形于上，半已剥落”。蝌蚪之形当是古代文字，石塔亦非元初军兵所建，这些都应当是樊绰所记“丘墓碑阙”之类唐代或更早的文化遗迹。①

昭通山地多而平地少，历史上农业粮食产区主要集中在坝区。昭鲁坝子由于地理、环境、气候、资源配置等诸多方面的优势，很早就发展出较高水平的农业文明。《太平御览》卷七百九十一引《永昌郡传》：

川中纵广五六十里，有大泉池，僰名千顷池，又有龙池以灌溉种稻。与僰道接。

昭鲁坝区历史上曾是僰人、叟人、乌蛮等部族的生息繁衍之地，直至明、清时代，仍实行土司制。自元、明两代在边区实施大规模的屯田后，大量汉人移居，汉文化最终占据了大部分坝区，而彝族人口则以深山老林等为屏障，保持了自己的文化。退移到山区的彝民在选择聚落位置时，

① 郭声波．彝族地区历史地理研究——以唐代乌蛮等族羁縻州为中心．成都：四川大学出版社，2009 年，第 70 页．

在海拔一千八百米到二千五百米之间形成生活空间带。该带以下为汉、回等民族所居住，其上因山高坡陡而不适居住。山地文化在空间上有一定的封闭性，易于形成稳定的文化传统。

元明清时期，官、民屯垦均首选坝区及交通沿线。仁宗元祐三年（1316）调云南、四川军屯田乌蒙。《元史·仁宗本纪》云："三年十月，调四川军二千人、云南军三千人乌蒙等处屯田"。《东华录》载："鄂尔泰奏折称，大关为屯，缘豆沙关至此，可屯也"。《乌蒙纪年》说："今大关道中，近盐津有高山平顶，名曰屯上，可走�连，屯田处。"咸丰十年（1859）李永和、蓝大顺义军即聚集于大关屯上，并由此入川的。除昭鲁盆地外，各县区亦有一些大小不一的坝子，其中不乏"土地平旷，屋舍俨然，有良田美池桑竹之属，阡陌交通，鸡犬相闻"的田园美景。"平畴远眺绿纵横，促了蚕桑又促耕"，丰衣足食是中国农民百世不移的追求，世外桃源是他们梦寐以求的乐土，如巧家县城所在地，古称米粮坝。镇雄县在乾隆年间就有"桃坝晚霞"的胜景，时人有诗云："旖旎鲁望赋，灿烂夕阳里"。《镇雄州志》描写平坝春耕的景象为：“城南十五里，一望平畴，民居环列，花村水镜，雨笠烟蓑，极田家天然图画”。1987 年新撰《镇雄县志》中仍有“罗甸风光”的农耕图卷。

## 三、山高一丈，大不一样

### ——立体分布的文化景观

地理学中，自然景观被视为自然综合体，是由地貌、气候、水文、土壤和生物等要素构成的地段。文化景观则是“附着在自然景观上的人类活动形态。”一般分为物质文化景观和非物质文化景观。文化景观的区域差异虽是一种空间现象，但却是人类历史发展演变的结果。

昭通历史上曾是彝族先民的聚居区之一，自明、清两代实施大规模的屯田后，大量汉人移居，汉文化最终占据了大部分坝区，而彝族人口则以深山老林等为屏障，保持了自己的文化。退移到山区的彝民在选择聚落位置时，在海拔一千八百米到二千五百米之间形成生活空间带。该带以下为汉、回等民族所居住。虽然该居住带之上，因气候寒冷，地形陡峻而不太适于居住，但亦为后来迁徙至此的苗族提供了一片栖身之地。

文化景观不仅具有形象的可感受性，也有非具象的可领悟性。即使是主观的东西也可以在地表构成具有地域分异的意象事物，如民俗、语言、宗教等。非物质文化景观更能体现或反映一个区域的文化本质。如在昭通200多个庙、观音等字开头的地名中，记载着宗教作为一种重要的文化因素，曾经对昭通历史有过深远的影响。透过100余处官家寨、官村、官家营、官住山、官田、官坝、官仓等官字打头的地名，依然可以看出封建社会中“唯官独尊”的等级制痕迹。

### （一）写在大地上的百科全书——昭通地名景观

地名作为人们依其主观认识，共同约定而赋予客观存在的特定的自然或人文地理实体的一种代号或标记，乃是一种典型的非物质文化景观。它是一个地方历史的见证和记录。昭通2.3万平方公里的土地上分布着3万多条地名。这些地名有着极其丰富的文化内涵和鲜明的地方特色。其中，仅以山水地貌命名的就多达15773条。这些数量众多的自然要素地名，真实而生动地记载了当时的地理环境特征。

昭通境内，石灰岩广布，喀斯特地形发育，悬崖峭壁、峰丛、溶洞、漏斗、溶蚀洼地遍布区内，所以带有岩、石、洞、孔、坳、陷等字样的地形地名非常之多。岩脚、岩口、岩头、岩塆等100多处，石垭口、石门坎、石梯子、石旮旯、石梁子等石字打头的地名也达百余处。通过昭通许多记录沟谷流水地貌的地名，可以看出在地貌的发育演化中，水流有着极为重要的地位和作用，同样受到人们的极大关注。如白水江、赤水河、黄水河、清水溪、绿南溪、大深溪沟、三岔水、蛮滩等。昭通地貌类型地名中，还有一部分是记录过去广泛分布的海子湿地，湖泊、沼泽等水域在昭通通称海子。全市“海”字打头的地名有192个，诸如海口、海脑壳、海尾巴等。

地名对昭通气候从炎热河谷到高寒山区的垂直差异，也有着真实的写照。其中不乏记录冷暖、干湿、风霜、雨雪、雾露、阴晴等气象要素差异，以及雷电、冰雹、低温、冰冻、雪凌等气象灾害方面的地名。既有位于江边河谷地带，因酷暑得名的炎山、火烧塆（炎热似火）、热乎箐等，也有凉风坳、冷寨子、雪岗坪、大雪塆等，反应高海拔地区寒冷气候的地名。昭通气候地名不只是对气温高低的纪录，还有因风力大小不同的大风梁子、漏风垭口、嘘风岩、背风箐、平静梁子等地名。与此相反，巧家的干坪子、镇雄干秋湾、威信干坝则是因为气候干旱少雨而得名的。从太阳山、太阳塆、太阳坝、太阳冲等地名中，可看出人们对阳光的喜爱和关注。而阴山沟、老阴地（寒冷阴湿）、老雾沟、罩子山、大白露梁子等地名，则描述和记录了阴冷气候环境。昭通地名中不仅有记录冰雹灾害的雪蛋坡，还生动传神地反映了雷霆闪电的威力，如大火闪、雷打牛、雷打马梁子、雷打房等。

昭通还有一类反映地形成因，记录垮山、塌方、滑坡、泥石流等地质灾害的地名，其名称中多带有垮、崩、溜、梭、掉、落、陷、滑、滩等用字。全区光是叫垮山的地方就有 11 处之多。如金沙江边巧家县大砂坝历史上称为“米粮坝”，1754 年发生一次大滑坡，继而发生的泥石流淤埋了巧家古县城，当地人称为“水打巧家城”，“米粮坝”

从此变成“大沙坝”，鲁甸梭山，清乾隆二十九年(公元1764)山体梭塌，街址被毁，后另建新街，故名梭山。此外，绥江的崩土坎、新滩，鲁甸飞来石、垮岩梁子、陷窝坑都属重力地貌在地名上的反映。全市多处被称作石仓的地名，并非用石头修建的仓库，而是因山石崩塌而形成的倒石堆。鲁甸还有一处叫填平的地名，记录了地形的动态演化过程。该地原是一较大山沟，后被山洪冲来的泥沙在沟内淤出一块平地，故名。镇雄的扯山坪，也是因泥石流堆积，形成了一块山间平地而得名。乾隆年间，巧家山崩，土石飞过金沙江堆积于四川境内，云南人说是“石龙过江”，四川人戏称“云南石头搬四川”。

水是自然环境最为活跃的组成部分，也是人类安身立命的第一要素。昭通水源地名不仅数量众多，而且类型丰富。如：江、河、沟、溪、泉、水、海子、井、塘、池、渠、堰、闸、水库、潭、滩、凼、洞、孔等，区分水源类型的常见通名一应俱全。有时凶猛的洪水也会威胁人们的生存，故也有诸如：水打田、水淹坝、水打槽等记录水患灾害的地名。昭通全市因水源而得名的乡镇有蒙泉、北闸、盘河、雨河、崇溪、龙海、双河、两河、小河、干沟等23个乡镇。此外，诸如温泉、热河、冷水洞、迷浑水、盐水、漩塘、冒水孔、落水孔等地名，还蕴藏着更为丰富的水文信息。

在昭通水源地名中，井因其极端的重要性，往往成为一村乃至一乡的标志。全市仅以“水井”打头的地名，诸如水井塆、水井边、水井坡、水井沟就有近百个之多。水对人类生产、生活的重要影响，还可从干海子、干垭、干冲子、干田湾、干沙坝、干塘子、干树林等众多“干”字打头的地名中窥见一斑。鲁甸县有一处叫挖水的地方，考其来历，是因为雍正年间人们定居此地后，到处挖井寻泉而得名。

植物是环境的指示剂，植物地名也是对生态环境的历史记载。昭通既有青山、青山梁子、花山、碧凹等反映植被良好的地名，也有秃头箐、光头坡、光滑山、滑石板等说明缺乏植被覆盖的地名。全区因盛产某类植物而得名的乡镇有荞麦地、苞谷垴、板栗、水竹、柳溪等。至于像瓜寨、梨园、芭蕉沟、菜仔沟、黄竹林、松林坡、燕麦地、棕树坝、白草坪等地名，各县均不只一处。

两千多年来无数中原百姓通过南征、流官、军屯、民屯、商屯、谪戍、充军、流寓等不同方式移居昭通，他们广布于山区、平坝之间，谋生于乡村、城镇之中，在昭通地名中有着众多的移民痕迹。如镇雄江西寨，彝良湖广湾、广东坝，威信南京沟，昭阳区广东河、广东院、江西地、江西坡等等。由此可见，“江西填湖广，湖广填云贵”的民谚是有地名证据的。此外，昭通地处云、贵、川三省结合部，跨省移民频繁，这一事实在地名中也留下了清晰的印迹，如盐津四川坳，巧家的四川街、云南坪子（此地原属四川，多为云南人居住）、云南卡、云南村，以及彝良威宁寨、昭阳区威宁坪子等。

地名景观有时与地理景观本身之间有不一致的地方，这种不一致往往反映出环境的历史变迁。环境变迁导致动植物物种的消失，并使后人对地名产生误解和困惑的例子，要数昭阳区“荔枝河”这一地名了。早在唐代以前，昭通一带便是著名的荔枝产地。《南裔志》载，“龙眼、荔枝生朱提南广县”[1]。元朝时，昭通境内的土僚蛮，“常

① 方国瑜主编．云南史料丛刊(12卷)．昆明：云南大学出版社，2001，第548页．

以采荔枝贩茶为业”。《明一统志》《古今图书集成》等古籍均有乌蒙军民府产荔枝的记载。盐津荔枝沱、巧家荔枝等地名，证明昭通历史上的确出产荔枝。但从清代开始，由于气候的变迁导致了荔枝在昭通的消失。

昭通还有12处带犀牛的地名，考其由来都与传说发现过犀牛有关。中国境内的犀牛大约是在20世纪中叶才绝迹，云南是我国野生犀牛的最后灭绝之地。昭通市的威信以及周边的筠连、会理、黔西等地都有考古发现或文献记载证明犀牛的存在。另据《本草经集注》记录，南朝时期，宁州郡治附近高山一带产野生犀牛。唐代樊绰《蛮书》载，牂牁地区的贡物中亦有犀角等。或许明清时期昭通境内还有少量野生犀牛活动。

昭通全市共有千余个动物类地名，记录了上百种与人类生产、生活密切相关的野生动物分布情况。彝良野物垭口、镇雄的野物大地，表明深山老林的确是动物的乐园，虎、豹、熊、狼、野猪、獐子、猴子、野猫、狐狸、马鹿等，也在地名中留下了众多的身影：

老虎坡、豹子岩、熊窝、花狼沟、野猪凼、野猫坡、豪猪溪、獐子沟、麂子洞、猴子地、貂林岩、水毛洞（水獭）、花鹿坪、野牛坝、驴子凼、毛狗洞等。

一些地方甚至因野物出没而留下了众多兽蹄鸟迹。镇雄不仅有野鸡路（成群的野鸡踩出没）、鸡爬坎、熊路。威信的约伴沟，因虎豹出没，过往行人需结伴而行，故名。

历史上昭通曾经是鸟类的天堂，形态各异，五彩缤纷的鸟类或在天空自由飞翔，或在山水林间婉转鸣唱，给人们留下了深刻的印象。地名中也少不了它们的身影。如：

黄鸡埂、红鸡坪、金鸡岭、白鹤、白鹤洞、彩鸟、竹鸡山、鹊落海子、落鹰坪等。

尤其是看到白鸟坪、白鸟寨、白鸟河等地名时，真有“寒波澹澹起，白鸟悠悠下”的诗意了。至于记录老鹰、天鹅、鸽子、燕子、野鸭、画眉、斑鸠、乌鸦、麻雀等常见鸟类的地名更是不在少数。昭通广阔的山林川泽，为先民们的采集、渔猎活动提供了坚实的基础。如：

打雀山、打猪沟、打鹿沟、小榨坪（用榨板

捕兽）、抬榨坪、熊榨梁子、笼颈套（用网捕捉）、勒猪坝（下套勒野猪）、拿麂坪、关猪洞（设机关捕捉）等。

在这些捕猎活动留下的地名中，不仅记录了猎获的动物种类，而且捕猎的方式方法也清晰可见，有用弓弩射，千斤闸，设陷阱，安机关，下套子，网围捕等多种多样的技术手段，为我们了解先民过去的生活史实提供了宝贵的信息。

封建时代，赋税繁重，灾害频繁，老百姓生活艰辛，野菜充饥成为常事。竹米、蕨粉、笋子都是过去民间救荒保命的天然食物，为此留下了许多与此相关的植物采集地名：

勒米坝（采竹米）、打椿坪、打笋坝、打蕨冲、挖蕨地、打粑粑岩洞（蕨粑）等。

昭通日常生活用品的生产，形成了糖、茶、烟、酒、油、盐、柴、米等更为丰富的地名。如：糖房坪子、茶店子、烟地湾、甜酒坪、油榨坊、盐井坡、卖柴沟、炒米坡等。其中油字打头的地名有66个，如油塆、油房、打油坪等。因植物类油料生产均是手工压榨，故而有不少带“榨房”字样的地名，如油榨坊、榨房、榨口、郑家榨房等。

盐曾是中国历史上最稳定、最重要的专卖商品。张泓《滇南新语》说："滇民食盐，各有界限"，其中"东川、昭通二府食川盐"，若有越界者以买卖私盐论处。如永善大兴，原名大井坝，明末清初，曾打过七口盐井，产过井盐，后被人以所谓："挖开南方井，饿死北方人"为由，告发叙州府，府尹下令废井改田[①]。盐津县早在唐朝时期，就因开盐井而设过盐泉县，并形成了盐井坝这一地名。过去盐津曾是川盐入昭的最大集散地。《读史方舆纪要》载，镇雄"府北百八十里有盐泉二，其水俱可以煮盐。"镇雄、威信、彝良、三县境内盐泉较多，直至新中国建立后才逐渐停止开采。昭通因盐而得名的还有：盐溪、盐水、新盐店、盐行街、盐巴沟、牛盐巴等。

昭通历史上从汉代就开始招募商人、工匠等到朱提、南广、堂琅屯垦，发展商业、手工业、矿冶和农业。历代烧陶铸铜，生产泥瓦砖石，加工锅瓢碗盏，织布擀毡，制造香蜡纸烛等百工技艺，在全市留下了数以千计的地名。其中以瓦字

① 云南省永善县人民政府编纂．永善县志．昆明：云南人民出版社，1995年，第53页．

开头的地名就有177个，多数是瓦窑、瓦厂等地名。纸厂、纸槽沟等纸字打头的地名60余个。

昭通记录铁匠、木匠、石匠、篾匠、解匠、皮匠、毡匠、铧匠、香匠、车匠、裁缝等传统手工业及其产品的地名还有数百个之多。特别值得一提的是毡匠营、毡匠街、毡帽营等地名中所反映出的毡匠技艺及其独特的羊毛加工特产。《岭外代答》说："西南蛮地产绵羊，固宜多毡毳，自蛮王而下至小蛮，无一不披毡者"。昭通出土的晋墓壁画中，就有头戴毡帽，身裹披毡，足登毡靴，手持梭标的武士。距今1700年前的东晋时期，这种披毡就已定型。

### （二）白云深处有人家——昭通聚落景观

聚落是指人类各种形式的居住场所，住宅是人类利用土地定居的基本单元。除房屋建筑物之外，还包括道路、广场等基础设施，洗涤饮用的池塘、井泉等水源保障亦必不可少。聚落一般分为城市和乡村两大类，尤其是分布于乡间的千村万落，更是在数量上占绝对优势。同时，聚落也是人们最早命名的地点，在地名中，其数量和所占比例也最大。20世纪80年代全市所辖10县1区，共有 173 个乡镇（37 镇、20 个民族乡），1214 村，25877 社。

距今一万年前的新石器时代，出现了最初的农业。居住方式也由迁徙不定转化为定居，产生了原始农村聚落。定居聚落的形成，尤其是城市的出现对地球景观产生了不可估量的影响。人类早期无外乎“穴居”和“巢居”，如 5—10 万年前“昭通人”居住的“过山洞”。新石器时代，昭通原始人则留下了野猫洞、邀集块、两合岩等洞穴文化遗址。彝文古籍《查姆》说其先民：“老林作房屋，岩穴常居身”。[①]“岩居穴处，架木为巢”乃是过去西南少数民族常见的居住情形。如越嶲郡（今西昌）：“其俗多营窟，板屋而息。”《东川府志》说苗人，“所居树栅为墙，削树皮为壁，编叶为瓦”。威信熊孔村，因当地有 72 个天然孔洞，过去许多熊姓苗族曾居住于岩洞中而得名。

考古证明昭通早在三四千年前，已进入铜石并用时代，先民们逐渐掌握了制陶、青铜铸造、纺织、耕作和畜牧等技术，开始定居生活，并有了集中连片的墓地。其中较为重要的有鲁甸野石

① 管彦波．中国西南民族社会生活史．哈尔滨：黑龙江人民出版社，2005 年，第 200 页．

山、马厂遗址，巧家小东门遗址等。在野石遗址中发现的柱洞，或许是建造房屋的证据。黑泥地遗址（昭阳区凤凰办事处黑泥地村），发现了建筑房基遗迹。春秋至秦汉时期的昭通境内西南夷，“其俗或土著，或移徙”，既有“椎结，耕田，有邑聚”的农耕民族，也有“随畜迁徙，毋常处，毋君长”的游牧部落。

在两晋自唐宋时期，昭通境内仍有不少土著的生存方式为“编发左衽，随畜迁徙”。宋代，戎州所属昭通境内羁縻州的蛮夷仍是:“虽有名额，元无城邑，散在山洞，不常其居。”泸南地区生活着僚人与乌蛮两个少数民族。僚人是农耕民族，散居在丘陵间的平坝间。而乌蛮则主要生活在今滇东北镇雄，黔西北大方，毕节和四川南部叙永、古蔺等地。《建炎以来朝野杂记》说金沙江下游地区的乌蛮部族：“其民披毡、椎髻，而比屋皆覆瓦如华人之居，饮食种艺与华同。”元初马可波罗沿昭通境内土獠蛮江（今关河）至叙州时所见情形为:“有环墙之城村甚众，并有高山天险。”①

①[法]沙海昂注，冯承钧译.马可波罗行记.北京：中华书局，2004年，第508页.

李京《云南志略》记载东川地区："乌蛮富强，白蛮贫弱，俗尚战争，类吐蕃之风，居多板屋。"

明朝朱元璋派大军远征云贵后，留下部分将士屯垦戍边，随即又征发百万移民进入云贵垦荒屯田，这些移民的居住地被称为屯堡。一般是六十里至一百里设一屯。如镇雄的张基屯、陈贝屯等均为诸姓军官带兵屯戍的地方。后来一些与屯垦无关的居民点也以屯命名。明代还设有向少数民族聚居区推进的哨。每十里左右各设一哨戍，大者驻兵三五十人，小者二十余人。

清军入关以后，"凡天下要害地方，皆设官兵镇戍"。《道光云南志》载，当时昭通共设241处汛、塘、关、卡、哨。至光绪末年，武营奉撤，卡、汛、塘房一概售之于民。由于汛、塘、关、哨、卡的驻防士兵，大多是应募的穷苦百姓，他们在驻防地开辟农田，兴修水利，种庄稼，修道路，许多士兵退役后仍在原驻防地定居，数代延续便形成了今日的村社。历史上移民与先住居民，以及移民之间因利害关系，常发生冲突，引起械斗。过去许多村社往往结营自保，或者由大户承头筑营防卫。全市范围内，带姓氏的“某家营”有200余处。

昭通境内城市聚落的历史，可追索到秦、汉时期所置郡县的行政中心。《华阳国志》载，高后六年（前182），“城僰道，开青衣。”汉武帝开西南夷，在昭通境内设犍为郡，元光五年时（130）曾以南广城为郡治（今盐津县城）。永初元年（107）分犍为郡之南部为犍为属国都尉，以朱提为都尉治所（今昭通机场附近）。建安二十年（215），置庲降都督，治南昌（今镇雄），废犍为属国置朱提郡。蜀汉延熙年间（238—252）分朱提郡之北部置南广郡，各郡县行政中心之间都修筑了相互联通的道路。诸葛亮平定南中后，“劝夷筑城堡，务农桑，诸夷感慕德化，皆自山林徙居平壤。”《蛮书》载：“石门外第三程至牛头山，山有诸葛古城，馆临水，名马安渡。”

汉晋时期的朱提郡城，位于距今城区约4公里的诸葛营村，范围约1平方公里，考古文化层厚达1米，出土有汉代铜洗、绳纹瓦当、瓦片、陶片等。地层中含有大量炼铜炉渣。隋朝曾在今水富县境内设开边县，唐朝沿石门道在昭通境内置协州、恭州、靖州等政区，为了抵御南诏内犯，在马湖江、石门道沿线设置石门、和戎、移风、义宾、开边、平寇等十一镇。唐朝中后期，昭通境域一度被南诏攻占，故《蛮书》云："曲州、靖州废城及邱墓碑阙皆在。"魏晋南北朝至清末时期的朱提郡、曲州、乌蒙府、昭通府的治所，作为全市的高层行政中心，均位于今昭阳区境内，但城址略有迁移。

《读史方舆纪要》载，乌蒙，"府旧无城，元初，遣兵戍守于此，因筑土城，寻废。洪武中，土官阿普即元总管府旧址建立府治"，明代乌蒙府故城即今天梯土城遗址，位于昭通市城西 4 公里，因用土夯筑城墙，故称"土城"。清代改土归流时，曾以此为府治，雍正九年（1731）新建昭通府城于朴窝（又名二木那，今昭通市城区）。当时，镇雄州、鲁甸厅、巧家、永善等县都统一修筑了新县城。大关厅驻今大关县城，并在今盐津县城设盐井渡巡检司。明清时期于府、州、县之外，另设巡检分理政务，如镇雄州西置彝良州同，东置威信州判，南置母享巡检，北置牛街府知事。其次有汛防关隘、驿站亭铺等军事与邮传设施。

这些机构中，有的地当要冲，随着商贸往来，日益繁盛，便形成了市镇、街场。如彝良牛街、大关老街、盐津豆沙、镇雄大湾、水富楼坝等，这些古镇有的年代非常古老，可以追溯到东汉，最迟的也不晚于清朝。昭阳区旧圃（旧府）为乌蒙禄氏故城。明代镇雄陇氏土司故城在今乌峰镇旧府办事处附近，据《读史方舆纪要》载：

明洪武中，颍川侯傅友德调指挥郑祥驻兵芒布，因筑土为城。后班师还，城废。今名旧土城。又今府治地名纳冲在旧府治西北七里。成化中，旧治毁于火，因迁今治。旧治本洪武中所建也。

昭通聚落中还有一类是因商贸活动而形成的。最迟至元代，乌蒙已在城中置市场，出现了较大的商人，经营大宗的盐、麻布、米、酒、土产等。《明史·土司传》载，芒部（今镇雄）已出现了初级的商品市场。《镇雄州志》说："日中为市，谓之赶场"。该书还说："四乡则以十二支所属为期，如子日为鼠场，丑日为牛场之类……场亦曰街子。"彝良至今还保留有牛街、龙街、马街子、羊街子等七个生肖街场地名。

在昭通众多的聚落中，仅从名称的由来，便

可推知其所在之处的山区环境特征。如扒扒营，因营盘在一陡坡上，需用手扒着才能上去而得名；扶梯坝，虽地处一平坝，但须经过一段陡峻的石梯才能到达。威信有一处叫楼上的地名，因到此地要经过一段梯子路，好像在爬楼一样；镇雄还有叫天楼上的地名，因为一户人家居住在一匹陡崖的上半部，当地人称其为“天楼上家”。盐津的“天上”这一地名更是生动风趣，因为地处高山，多云雾笼罩，宛如在云天之上一般，颇有“白云深处有人家”的诗情画意。对此，另有永善的白云、云雾山等村寨地名为之作注。

人类聚族而居，形成了不同的宗族势力。典型的宗族一般拥有宗祠、族田、族谱、族规、族学、族武装、族墓地，这些在昭通聚落中都有着不同程度的反映。昭通以汉族姓氏命名的地名多达5000余处，如木家营盘、胡家寨堡、赵家堂子、保家院子、白家屋基之类。昭通聚落中也有像罗杨寨、马胡基（马、胡两姓屋基）、李孙沟、关张坳这样的双姓地名。值得一提的是镇雄五德镇有两个叫“寨子头”的村庄，其中一个原名王家寨子，后与文姓同居一寨，两姓相互尊重，改名为寨子头。另外一个原称安家寨子，后因多姓同寨更名为寨子头。这种为了互相尊重，团结和睦，而在村寨地名中放弃以某家姓氏冠名的做法，是中华文化和谐共处的优良传统。威信胡帮沟，此沟边曾住有几户胡姓人家，关系融洽，互相帮助得名。彝良的“小联地”，则是因为人们曾在此联合协商解决纠纷而得名。

聚落的形成以定居为前提，以农业为基础，房屋建造技术为支撑。在人类聚落中，房屋乃是最引人注目的建筑形态。昭通聚落地名中不仅有庄房、炉房、马厩房、作房、碓房、土锅房、经堂、庙堂等记录房屋用途的地名，还有大房子、长房子、九柱房、石板房、石房子、土墙房子、砖房子、瓦房子、黑房、白房子、双门楼、转角楼等反映建筑特征的地名。

### （三）踏平坎坷成大道——昭通交通景观

昭通境内虽江河纵横，但航运条件极为险恶，古代运输始终以陆路为主。数千年间昭通先民以无比坚强的毅力，在崇山峻岭之中，从悬崖绝壁之旁，开凿出了一条条通向区外的道路。交通方式的变革决定着人类空间相互作用的深度和广度，各种交通工具和技术正是随着道路的开通而最先传播的文明成果之一。

轮子是改写人类交通史的重大发明，但由于崇山峻岭的阻隔，在昭通大地上，滚滚车轮的伟力难有用武之地，始终以人背马驮为主。背架、打杵等工具的发明和广泛运用，不仅体现了先民们努力适应环境，开发山区的生存意志和智慧，也蕴藏着他们打破自然隔绝，改变命运的奋斗精神。一条道路在空间中的延伸和历史上的存续，与地理环境、社会组织、技术发明、人口分布、经济差异、文化传播、军事斗争等，无一不有着千丝万缕的联系。

战国时期由川、滇通往缅甸、印度、越南等地的交通线已初步开通，史称西南丝绸之路或滇缅道、蜀布之路等。汉代张骞通西域时，就在大夏见过产于四川的邛竹杖和蜀布等，并且得知在四川和印度之间，有一条经过云南和缅甸的商路。民间商道往往由不同路段自发联通而成，官府开通的驿道则多是一气呵成。春秋时代，蜀王开明氏“雄长僚、僰”，进一步开通了成都平原与川南、滇东北的交通。

昭通境内的“官道”体系始于秦国。李冰任蜀郡太守后，随即开通了由蜀入滇的“僰道”，这是昭通最早的“国道”。秦始皇一统天下，续遣“常頞略通五尺道”。汉武帝时唐蒙再次修筑进入南中的道路，史称“南夷道”。元光六年（前129）在昭通设郡县，置邮亭，自僰道、南广（镇雄等地）有“八亭道”通平夷（毕节）。《水经注》载该道：“迄于建宁，二千余里”。即以今天的四川宜宾为起点，经高县、珙县，云南的威信、镇雄，贵州的赫章、威宁，进入今云南曲靖。魏晋时期，僰道至朱提虽已开辟出了水路和步道，但两路均“至险，难行”。《元一统志》仍感叹，乌撒、乌蒙地区，“山崖险隘”，“羊肠小径，十倍蜀道”。

唐代，巴蜀通滇之路恢复畅通，因途经石门关，易名“石门道”。天宝七年，唐与南诏激战于芒部，唐兵大败，石门道亦随之关闭。贞元十年（794），南诏归唐内附。其时“监察御史马益，统行营兵马，开路置驿”，对五尺道又进行过较大规模的修整。昭通境内唐代交通线路，据严耕望《唐代交通图考》考证，有一条顺朱提江而行的主线，一条经南广河口溯流而上的辅线，以及五条组网支线。

元朝疆域广阔，极为重视交通线路和驿站的建设，形成了较为完备的水陆交通体系。至元十三年（1276），“诏开乌蒙道”。至元十五年中书平章哈伯等奏：

中庆路至乌蒙，赛典赤所管之地立讫九站，乌蒙北五站不得立。乌蒙土官称：“使我属赛典赤，则可立站。”（经世大典.站赤篇）

忽必烈下令乌蒙路改隶云南，并诏谕乌蒙路总管阿牟再置驿站，陆由乌蒙，水行马湖，“水陆邮传皆达叙州”。至元二十八年三月，因“中庆至乌蒙路结吉旧路路站十一所，山麓修阻，泥潦难行；叶梢坝水至叙州四站，江河险恶，船只不可进”。至元三十年改道为“中庆由閟畔至乌蒙结吉站”，路平且近，设七站，北部则从业稍坝“分立陆路四站”，经四川庆符至叙州接长江水路。

明洪武十五年（1382）圣谕水西、乌撒、乌蒙、东川、芒部、沾益（今宣威）诸酋长，遣人置邮驿通云南（昆明），府州县皆设驿站。清朝在明代驿、堡、铺、哨的基础上，增设汛塘，每十里设一塘房，专司驿递公文。清中期，传递公文改由沿线塘兵护送。镇雄、威信、彝良等地还在邮路上设烟墩，以备报警。清末，邮政兴起，塘汛裁撤，改用专差。辛亥革命后，驿站裁撤，延续几千年的邮驿制度宣告结束。民国初年，部分县因军事需要，将邮驿改为步递哨，按保甲派民团递送公文。

在壁立千仞，断崖横生的西南山区，许多路段必须“天梯石栈相勾连”，才能保障道路的畅通。为此，又引入修筑栈道的方法和技术。栈道又称阁道，在世界交通史上创造了多项令人惊叹的奇迹，被誉为“绝壁上的史诗”。最简单的木栈道则是在一头打入崖壁，一头悬空的横梁上，直接铺设木板而成，俗称“千梁无柱”。昭通境内栈道的修建，始于汉武帝开西南夷时期。《华阳国志·蜀志》载，唐蒙“乃斩石通阁道”入南中。隋朝开皇五年，又在石门关“凿石四孔，各深一丈，造偏梁桥阁”。《蛮书》记录盐津石门关栈道情形：

西崖亦是石壁，傍崖亦有阁路，横阔一步，斜亘三十余里，半壁架空欹危虚险。

直至晚清，昭通境内许多道路都是通过劈山

开石，凿孔安梁，才得以通行的，其栈道类型主要有木栈和凹槽式石栈两种。凹槽式石栈就是在陡崖上开出一道明槽或隧洞供人行走，工程尤为艰难。著名者如巧家的石匠房石栈道。乾隆年间，乡绅刘汉鼎父子先后捐巨资修建由蒙姑通往东川的路桥，历时四载始成。该道后因“蛟泛倾圮”而断绝。光绪七年江西籍商人王世泰、夏永顺等再次捐资，另由峭壁中开凿隧道，并于悬崖深涧处建铁索桥，光绪十一年竣工。

在劈山开道的过程中，坚硬的岩石往往成为施工的拦路虎。《华阳国志·蜀志》载李冰通僰道时：“其崖崭峻，不可凿；乃积薪烧之。”遇到地质、地形条件特别恶劣而又必须通过的地方，就只有以柔克刚，采用绳索、木梯之类的攀岩工具暂时沟通了。《水经注·若水》记载堂琅县一带的路况为：

西北行，上高山，羊肠绳屈八十余里，或攀木而升，或绳索相牵而上，缘陟者若将阶天。……三蜀之人，及南中诸郡以为至险。

在现代公路兴起之前，昭通共有4000多公里的数十条驿道。重要的省道有：通昆明南道、东道，通四川中大道、东大道，通贵州大道。省道平均60里左右有一大站口，供过往客商歇息。还修建了由昭阳区通往各县的驿道，如昭鲁驿道、昭巧驿道、昭盐驿道、昭镇驿道；各县之间亦有道路相连，如大永驿道、永绥驿道、绥盐驿道、镇威驿道等。各驿道上一般每隔15至30里设一塘口。各县境内又有密如蛛网的乡村驿路。民国时期曾规定乡道宽五尺，村道宽三尺。

今日，最能集中反映昭通交通景观沧桑巨变的典型之地有鲁甸县的“江底五桥”及“盐津豆沙关”的“古今五道”。流经江底的牛栏江，曾经是古代交通必须跨越的一道“天堑”，早在清代就修筑了铁索桥——“永安桥”，竣工后云贵总督锡良曾题书一联：“桥横铁索千年永，河汇金沙万里来”，寄托了美好的祈盼与愿望。民国时期为了汽车通行又在旁边修筑了一座钢梁桥。新中国建立后于20世纪70年代又建造了一座双曲拱桥；2007年昭通至待补二级公路通车，建成“亚洲第一高公路桥”，主墩高125米，桥面距江面168米，全长600米。但这一纪录很快就被打破，2015年，渝昆高速通车，新建的牛栏江特大桥全长 765 米，主跨 190 米，主墩高 130 米，桥面距江面 180 米。

自五尺道开辟之后，两千多年来昭通的驿道，虽然名称和路网几经更改，但在盐津、大关境内，其干线均沿横江谷地而行，历经千载而不变。如今的豆沙关口，汇集着“五尺古道”“213 国道”“渝昆高速”“内昆铁路”，加上以前的关河水运航道，竟然形成了水陆、古今“五道并存”的奇观。正是天地造化的伟力，奠定了古今五道并存的自然基础，也是巍巍雄关“锁钥南滇”“咽喉西蜀”千载不变的底蕴所在。

### （四）参天化育勤耕耘——昭通农业景观

农业立足土地，安济苍生。《吕氏春秋》云：“夫稼，为之者人也，生之者地也，养之者天也。”古老的农业朴实无华，执着的农人辛勤耕耘，创造了异彩纷呈的农业景观，深刻地改变了地球的面貌。田园风光，不愧天人合一的劳动成果；农艺丰碑，堪称乡愁难忘的精神家园。

昭通农业有着悠久而独特的历史。在距离昭通市区以东约 20 公里的威宁县中水镇鸡公山遗址中，曾发现大量的碳化稻谷，年代约为公元前

1300年，是云贵地区最早的稻作遗存，汉朝时属于朱提县。大量炭化稻谷和穿孔石刀的发现，表明当时的居民已经处于定居农业阶段。此外，鲁甸马厂遗址中，也发现过碳化粟。可见，3000多年前的滇东北地区，不仅进入了农耕社会，而且有用稻谷随葬的习俗。

春秋战国时期，居于昭通境内的僰人即以种植水稻、姜、蒟和经营荔枝园著称。《太平寰宇记》载，僰人"多以荔枝为业。园植万株，树收一百五十斛。"1989年水富张滩土坑墓出土的文物，证明战国至西汉早期巴人已深入到今云南水富境内。[①]墓葬中的陶罐、陶釜，以及陶纺轮、铁斧等器物，正是农耕文化的标志。《华阳国志·巴志》载，巴人的活动范围"东至鱼复，西至僰道。"其农耕水平，从一首古老的歌谣中，亦可见一斑："川崖惟平，其稼多黍，旨酒嘉谷，可以养父。"

秦汉之际，朱提地区的僰人已在利用"千顷池""龙池"等水利资源种植水稻。司马迁《史记》载，西南夷中的夜郎、靡莫、滇、邛都等都是"耕

① 云南省昭通市文物管理所，云南省水富县文化馆．云南省昭通市水富县张滩土坑墓地试掘简报．四川文物，2010年第3期，第3—8页．

田，有邑聚”的部族，而靡莫、夜郎部分位于今昭通市境内。此外，昭通境内，也有不事农耕，“随畜迁徙”的游牧部落，《永昌郡传》载，朱提“夷分布山谷间，食肉衣皮……言语服饰不与华同。”《华阳国志》说南广之地，“土无稻田桑蚕”。西汉时期，“募豪民田南夷”，中原移民大量进入南中地区，并传入铁器及牛耕等农技。文齐任犍为南部都尉时，“穿龙池，溉稻田，为民兴利。”三国时期诸葛亮平定南中，采取“抚和异俗”，劝课农桑，发展农业成效显著。《蜀志·李恢传》说：“赋出叟、濮，耕牛、战马、金银、犀革充继军资”。镇雄县屯上，有11个屯口（要塞），传说三国时曾屯兵其上，故名。东晋时期，朱提战乱，“诸僚布在山谷，十万余落，攻破郡县，为益州大患”。汉民大量流亡迁徙，“仓无斗粟，官民虚竭”，农业生产跌入低谷。

直至唐宋时期昭通境内仍是僚人与乌蛮交错杂居，其中僚人“尽力农事”，是一个农耕民族，《新唐书·南蛮传》说，牂牁“土多霖雨，稻粟再熟”；而乌蛮则属于半牧半耕的民族。《蛮书》载，滇东北区域的东爨乌蛮“土多牛马，无布帛”，不论男女“皆衣牛马皮”。《宋史》记述叙州三路蛮的习俗与经济为：“俗椎髻、披毡、佩刀，居必棚栏，不喜耕稼、多畜牧。”元、明时期，依然以畜牧为主，农业种植则是“山田薄少，刀耕火种”。明代乌蒙知府亦德报告说：“蛮地，刀耕火种，比年霜旱疾疫，民饥窘，岁输之粮无从征纳”。

元朝在昭通实行大规模的屯垦，既有军屯，又有商屯、民屯。其中乌蒙路有屯军 5700 户，垦田 143945 亩，分别约占全省屯户的 23% 和屯田亩数的 27%，名列全省首位。[①]据《明实录》记载，当时的昭通、曲靖等地都实行过商屯。此外，乌撒、乌蒙两路，“泉甘土肥，宜育马、羊”，畜牧业也较为发达。元、明、清时期乌蒙马都曾作为贡品。《明史·四川土司传》载：“乌撒岁易马六千五百匹，乌蒙、东川、芒部皆四千匹。”贵州巡抚田雯《乌蒙马说》云：“水西之马，状甚美。……然而，未若乌蒙之异也，乌蒙之马，体貌不逮水西，神骏过之。”《滇海虞衡志》载：

南中民俗以牧畜为富……重牧而不重耕，

① 吴宏岐．元代农业地理．西安：西安地图出版社，1997 年，第 101 页．

……马牛羊不计其数。以群为名，或百为群，或数百及千为群。

明清时期，原产美洲的玉米、甘薯、马铃薯、花生和烟草等作物，先后引入我国。不仅迅速改变了各地的农作结构，而且对社会经济造成了深远的影响。《乾隆镇雄州志》载："苞谷，汉、夷贫民率其妇子垦开荒地，广种济食，一名玉秫。"昭通改土归流后，云贵总督鄂尔泰极为重视恢复农业生产，他上奏朝廷的对策为："逃亡及被胁从者，概令招抚……复给与田土，助与耕牛，资以谷种，俾得各安生业。"[①]大批汉族农民进入昭通，官方及民间均积极兴建渠堰陂塘，并广泛应用筒车、龙骨车、桔槔、笕槽等汲水引灌工具，以及水碾、水磨、水碓等水力装置，水利和农业技术得到了进一步的发展。雍正十年，总兵徐成贞修筑省耕塘，灌溉农田 2400 亩。雍正十二年，在利济河上修筑十八道闸坝，分渠灌溉。乾隆二十五年恩安县令沈生遴撰《恩安添建蓄水闸坝碑记》云:

乾隆元年，新修水利，其河有三：一利济、

① 昭通旧志汇编编辑委员会 . 昭通旧志汇编（一）. 昆明：云南人民出版社，2006 年，第 781 页 .

一旧河、一洒渔。闸则龙洞、擦拉、水塘、八仙营、芦柴冲、李子沟、西戈寨及北门外分水官坝、官沟暨城内蓄水池。

利济河为清代至民国时期昭阳区重要的灌溉及饮用水源。除了官闸、官沟、官坝等，官方工程之外，民间百姓也积极地修筑了许多堰塘、闸坝。《昭通志稿·食货志》载，乾隆十六年，范、刘、李、何、周等十姓在下干河公建马柜闸，灌溉六百余亩，为昭通民间兴建水利之始。蚂蟥闸，乾隆二十四年，周、耿两姓共建；洒渔大堰，原名下洒渔官沟，建于1851年。此外，还有焦家闸、田家闸、孙家闸、戚家闸、高家闸、苏家坝、尹家堰塘、金家堰塘、戈家堰塘等。

镇雄白鸟村的“李公沟”，当地农民历年为争水灌溉，构讼不休。雍正九年，知州李至亲往剖断，令于沟口横置一石，下凿三缺，使水分流，各于石下开渠引灌，自此讼息，百姓树碑，命名为李公沟[①]。雍正初年至光绪末期，一百多年间，建成官闸、私闸、沟渠、塘坝等水利工程167件，

① 镇雄县志编纂委员会 . 镇雄县志 . 昆明：云南人民出版社，1987年，184页 .

灌溉农田 18570 亩。[1]中华民国二十年（1931），成立昭鲁水利工程处，彻底整治昭鲁大河，疏浚沿河圩田，增加围埂，凿深老鸦岩过江石峡，使上游积水得以排除，泄洪护地 50000 余亩，今新民村一带得以开垦出大片良田。

从生态学的观点看，文化景观的演变过程，就是人类活动与土地相互作用的结果。汉晋以来，中原汉文化不断深入，平坝和河谷地区农业生产有了长足发展。但唐宋时期，又相继为南诏、大理等地方民族势力控制，明清时期，尤其是雍正改土归流后，大量汉民再次进入昭通，农业垦殖不断由坝区向山区推进。正是多样的生态条件和种植制度，形成了今日昭通农业显著的立体分布。昭通农业景观的垂直差异可分为高寒层、中暖层、低热层三个地带。

低热层，主要指海拔 1700 米以下的江边、河谷地带和一般山区，面积约占全市 32%，耕地占 29%。属于南亚热带、中亚热带和北亚热带气候，作物可一年三熟、两熟或两年五熟，一般的喜温

① 昭通地区地方志编纂委员会. 昭通地区志上卷. 昆明：云南人民出版社，1997 年，第 507 页.

作物和经济作物均能生长。低热层是昭通的天然温室，发展早冬蔬菜和热带、亚热带经济林果的条件得天独厚。但光热资源充沛而雨量不足，气温高，蒸发大，干旱缺水，有“春雨如油，夏雨如金”之说。

中暖层包括昭鲁坝区及云贵高原向四川盆地过渡地带，以及海拔1700—2000米的一般山区。面积占全区25%，耕地占30%，南温带气候，作物一年两熟，是粮食、烤烟、生猪和以苹果为主的经济林果主产区。中暖层人多地少，耕作水平较高。其中，昭鲁坝子地势平缓，土壤肥沃，雨热同季，适宜发展粮、烟、果、畜，是昭通市的“粮仓”“果库”，是中国南方优质苹果最适宜区。此外，该层草山牧场宽广，是云南省绵羊改良基地。北部一般山区包括盐津、水富、绥江、镇雄、彝良、威信的部分地区，气候温热，雨量丰富，但多阴雨、多雾，日照少，为全省湿度最大区域，低温冷害严重。

高寒层包括南北部海拔2000米以上的高二半山区和高寒山区。属中温带和北温带气候类型，作物能一年一熟，但粮食是耐寒品种，高寒山区以洋芋、荞子、燕麦为主，经济作物以兰花子等油料作物为主，冷涝灾害突出，粮食单产低而不稳定。高寒层约占全市总面积43%，其林地约占全市52%，荒草地为47%，草场辽阔，水草丰富，是发展以绵羊为主的畜牧业优势地带，大山包和马楠已被国家列为半细羊毛基地。高寒层作为全市的“水塔”，其植被的好坏与低热层和中暖层关系密切。

天地生养万物，劳动改变世界。千百年来，祖祖辈辈面朝黄土背负青天的广大农民，在昭通大地上辛勤劳作，留下了深刻的烙印。在昭通乡镇地名中，以土壤、植被特征命名的就有高田、水田、艾田、田坝、细沙等36个。此外，桃李、杏柿、柑橘、樱桃等水果，以及核桃、板栗、漆树、茶树等经济林木的种植也非常普遍，留下了众多的桃园、李子园、杏子村、柿子坝、赵家梨园、古家梨园、樱桃树、甘子园、板栗坪、核桃园、茶园、漆树湾等地名。

# 四、画野分州，设官分职

## ——昭通历代政区沿革

“华夏”居中“四夷”环绕的五方格局，是中国传统民族地理思想的基本内容。九州的划分实际反映了从夏朝以来中国古代不同部落、不同文明孕育的区域差异，这一悠久的区域文化格局在今日之中华大地上仍留有清晰的烙印。

夏、商时期昭通属《禹贡》九州中的梁州范围，居于五服系统中的荒服之地。周朝时期的昭通境域史称窦地甸、屈流大雄甸，春秋为靡莫部。无论是古老的传说还是现代考古学，都认为昭通与古蜀国的历史有着久远的联系，古蜀国与南中毗邻而居，两地都曾使用贝币。三星堆出土的陶器与鲁甸野石遗址的新石器时代的鸟头型器、酒器等有许多相似之处。“三星堆”博物馆馆长肖先进先生说："在昭通看到了三星堆文化的影子。"另有学者指出，昭鲁盆地青铜文化的发展过程中，很可能一度受到了来自四川西昌及其以东青铜文化的影响，这种来自四川西南部的青铜文化因素又沿西藏高原东侧南下的甘青地区的史前文化。[①]

虽然包括昭通在内的西南夷地区，长期被视为地处梁州边鄙的蛮荒之地，但作为《禹贡》九州所划定的范围，仍是华夏神州不可分割的组成部分。商周之际，巴、蜀曾随武王伐纣，考古证据也表明，最迟在商代，包括昭通在内的西南"方国"境域，即与中原王朝发生了多方面的联系，融入了中华文明的历史进程。

## （一）先秦方国部落与蜀郡的设置

广汉三星堆、金沙遗址被认为是蜀中古国在夏、商时代的都城。这两处极为重要的考古发现，使得神秘的古蜀文明由荒远恍惚的传说，变为由大量精美文物支撑的信史。三星堆文化（前2800—前900）延续了近2000年。滇文化与蜀文化有明显的承继关系，两者之间的相似之处，在政治、

① 刘旭，孙华．野石山遗存的初步分析．考古2009年第8期，第67–78页．

军事、礼制、服饰等不同内涵的器物上均有所表现。古滇国青铜武器大量模仿蜀式兵器，青铜贮贝器上的人物雕像在造型和风格上也与三星堆有相似之处，滇人的用杖制度也同样模仿蜀制。

在云南晋宁石寨山、江川李家山古墓群出土的青铜器中，包含有古蜀早、中期青铜文化的某些因素。三星堆虽然出土了多种青铜器，但当地并不产铜，而昭通市的巧家、鲁甸，曲靖的会泽等地都有丰富的铜源。昭鲁盆地及其周边地区，早在3000多年前就已经出现了一种独特的青铜文化。昭通、曲靖考古发掘的青铜器又与巴蜀地区的器型具有很强的相似性。蜀国青铜器合金成分与滇文化青铜器比较接近，显然与其矿产地和矿料来源有关。

史载川南的宜宾、滇东北的昭通一带为古僰侯国，宜宾还出土有3000年前西周时期的僰侯蚕纹爵。[①]陕西安康出土的史密簋，其铭文中就有僰人曾听命于周朝的记录。[②]或许正是由于僰人曾随

① 孙先知．四川蚕茧生产的历史．四川丝绸，2003年第3期，第50–5页．

② 李学勤．走出疑古时代．沈阳：辽宁大学出版社，1994年，第170–178页．

武王伐纣，因灭商有功而被封为僰侯国的。春秋战国以来，秦、楚、巴、蜀、滇、僰、夜郎等不同的区域文化，就已经在昭通这片古朴浑厚的大地上激荡交融。到战国中后期，尽管此时四川盆地的巴蜀文化走向繁荣，并对周围地区施加了较强的影响，但当时以滇池和曲靖地区为中心的石寨山文化，对昭鲁盆地的影响已经占据着绝对统治地位。[①]滇文化遗物分布范围大致为：东至路南、泸西一线；北达会泽、昭通等地；南抵新平、元江及个旧一带；西到安宁及其附近地区。[②]

公元前316年秦灭巴、蜀，分置巴、蜀二郡，拉开了中原王朝在西南地区设置郡县的序幕。张若、李冰为最早的两任蜀郡太守，而此时的昭通境域即有部分属于蜀郡。李冰任蜀守30余年，凿盐井，兴水利，开渠行舟，架桥通路，功勋卓著，泽被后世。过去昭通亦曾建造了许多“川主庙”以纪念李冰的功绩。秦国郡县制在西南地区的推行，使得当地社会结构由血缘关系向地缘政治迅

① 孙华．滇东黔西青铜文化初论——以云南昭通及贵州毕节地区的考古材料为中心．四川文物，2007年第5期．

② 张增祺．滇国与滇文化．昆明：云南美术出版社，1997年，第11页．

速转化，昭通与中原文化有了更密切的接触。中央集权体制下的地方行政区划制度的推行，将原来部落林立，不相统属的地方势力整合为一，不仅有利于政令推行，也在一定程度上促进了经济的发展和文化的交流。

统一六国后，秦始皇为了加强中原与西南的联系，派常頞在李冰所筑僰道基础上，打通了从今四川宜宾到云南曲靖的“五尺道”，滇东北已成为秦王朝所控制的“边疆特区”。秦国蜀郡之设立，实为昭通政区之先河，由此开启了昭通两千多年来复杂而曲折的政区沿革序幕。昭通市几个县区的东汉墓葬中都曾出土过带有“蜀郡千万”“蜀郡成都”字样的铁臿。这正是秦汉以来昭通与“蜀郡”关系密切的实物证据，也是秦开五尺道推行郡县制的结果。

### （二）两汉时期的犍为属国与朱提郡

战国时代，夜郎已是雄踞西南的一个少数民族君长国。夜郎的范围大致相当于汉朝时期设立的牂牁郡及犍为南部。核心区域包括贵州毕节、安顺、兴义、六盘水，如果加上云南昭通、曲靖，四川宜宾和广西凌云一带，即所谓的“大夜郎”。

建元六年（前135年）番阳令唐蒙上书请通夜郎。汉武帝任命唐蒙为郎中将，率领一千士卒，以及负责辎重后勤的人员一万多，从巴符关（今合江县）入夜郎。“遂见夜郎侯多同。蒙厚赐，喻以威德，约为置吏，使其子为令。”周边部落首领贪图汉朝的赏赐，都表示愿与汉盟约，他们以为这里山高皇帝远，非朝庭所能控制，但事情的发展却大大出乎其预料。

唐蒙还报，武帝决定在夜郎之地置犍为郡，便坚决果断地“发巴蜀卒治道，自僰道指牂牁江”。由四川盆地进入云贵高原的路途，群山阻隔，沟谷纵横，凿山开道耗费巨大。“发巴、蜀、广汉卒，作者数万人。治道二岁，道不成，士卒多物故，费以亿万计。”直到元光六年（前129年），“南夷始置邮亭”。为了集中力量对付匈奴，武帝曾一度采取“罢西夷，独置南夷夜郎两县一都尉”的折中方案。

元狩四年（前119），霍去病对匈奴之战取得了决定性胜利，重开西南夷的步伐也随之加快。元鼎六年（前112），击灭南越后，即遣郭昌、卫广率兵进击南夷，“遂平南夷为牂牁郡”。武帝乘势派使者劝说滇王入朝称臣，结果不仅没有达到目的，反而数次遭到滇东北之劳浸、靡莫部落的袭击。元封二年（109）秋，郭昌、卫广率巴、蜀之兵击灭劳浸、靡莫，在大兵压境的形势下，滇“举国降，请置吏入朝”。

汉武帝开西南夷，在巴、蜀二郡的基础上，开拓分置了广汉和犍为郡，又以犍为郡为基础分置牂牁郡，再由牂牁分置益州郡，边疆地区的新郡设置得以逐步推进。武帝所置犍为郡的范围大至相当于今川南、滇东北以及贵州西部，下辖僰道、江阳、武阳、南广、汉阳、朱提、堂琅等十二县。

元封二年（109），已在犍为南部设都尉，辖朱提、汉阳、郁、堂琅四县，都尉驻汉阳。东汉至三国时期，昭通境域内郡县的调整主要是由犍为郡分出江阳郡、犍为属国、南广郡。永初元年（107）分犍为郡之南部为犍为属国都尉，所领二城为朱提（都尉治）、汉阳。属国都尉领县治民，等同汉郡，是一种特殊的行政区域。犍为属国的设置，标志着昭通境域的政区性质从单纯的军事管制到“治民比郡”的转变，这表明了随着社会经济状况的改变，汉朝廷全面加强了对当地少数民族部落的控制。

献帝建安十九年（214）刘备定蜀，派安远将军邓方率军深入滇东北。次年置庲降都督，治南昌(今镇雄),废犍为属国置朱提郡,领朱提(郡治)、堂琅、汉阳、南广（今盐津）、南昌（今镇雄、威信一带)5县。建兴三年(225)，诸葛亮征南中，平叛后，设置了建宁、云南、朱提、永昌、越嶲、牂牁、兴古七郡。又增设若干个新县，使南中地区进一步郡县化。南中七郡均由庲降都督统领(治所在今曲靖），为晋代宁州之设置奠定了基础。蜀汉延熙年间（238—257）又分朱提郡之北部置南广郡，治南广县。

自汉武帝初置犍为郡至三国时期，经过350余年的治理与开发，随着该地区汉化程度的不断深入，政区的划分也在不断的调整，犍为郡最终分为犍为、江阳、朱提、南广四郡，首次实现了对西南夷地区的郡县化的管理。朱提郡的设立，标志着昭通境域由当初的军管型政区演变为与内地一致的普通政区，结束了长期附属于其它郡或属国的状况。

### （三）魏晋南北朝时期昭通政区的演变

两晋南北朝300年间，国家再次陷于分裂，中原兵戈扰攘，民无宁日。中原王朝同地方割据势力展开了多次的角逐与较量。两汉及蜀国四百年苦心经营在云南奠定的郡县基础，终因地方豪强坐大而彻底崩溃。最终形成了土著大姓爨氏独霸一方的局面。自东晋桓温灭蜀（347），至唐玄宗天宝五载（746）被南诏蒙氏攻灭，爨氏称霸南中达400余年。

景耀六年（263），魏灭蜀，蜀将霍弋率南中朱提（今昭通市）、建宁（今曲靖市）等六郡降魏，留任“南中都督”，治味县（今曲靖）。泰始元年（265），司马炎篡魏，建立西晋王朝，仍以霍弋为都督统领南中郡县。泰始六年（270），晋武帝认为益州地域广大，郡县众多，不便于管理，“分益州之南中四郡置宁州”，即将原属益州的建宁、兴古、云南、永昌四郡划归新建的宁州管辖，治云南（今大理祥云）。

晋王朝本想将南中边郡纳入与内地相同的管理轨道，实行中央集权统治，却因“抚恤失和”，招致当地豪强、夷帅的抵制。太康三年（282），“又废宁州入益州，立南夷校尉以护之”，南夷校尉（东晋改为镇蛮校尉）持节统兵，性质与庲降都督类似，属于军政一体的管理机构，下辖朱提、牂牁、越巂等南中七郡。昭通梁堆（汉晋古墓）中曾出土一方篆书款的“南夷长史”铜印，南夷长史正是南夷校尉的属官。太安元年（302）复置宁州，治味县，辖八郡，即原“南中七郡”加上从建宁郡中划出西部七县复置的益州郡（后改称晋宁郡）。从此南中地区就以宁州之名登上了历史舞台，成为与益州分庭抗礼、平起平坐的大行政区了。

公元306年氐族首领李雄在成都称帝，建立“成汉”政权。昭通境域内的朱提、堂琅、南广等，因地处益、宁二州交通要道上，为四川盆地与南中往来之门户，数十年间竟成为晋与成汉竭力争夺的战场。史载当时的战乱惨象为：“仓无斗粟，众无一旅，官民虚竭，绳纪弛废”。其中又以滇东北的昭通境内残破尤甚。为避祸乱，朱提民众“或入交州，或入永昌、牂牁。”永嘉元年（307）朝廷派王逊为南夷校尉兼宁州刺史。因建宁郡已残破不堪，治所只能迁往云南（今大理祥云）。王逊上任伊始，南中局势曾一度有所好转，可惜未能善始善终。王逊为政严酷，征伐无度，人心尽失。为了防止南中大姓据地自雄，他还采取将原来的宁州七郡分割为八郡、十郡、十三郡、十六郡的办法，甚至故意让有的郡与属县不相毗连。在其铁腕高压之下，各郡太守、夷帅纷纷转附成汉，并打出率民保境的旗号自行割据。321 年王逊暴病而亡，其子王坚继任，但所能控制的南中郡县只有朱提、建宁二郡。

永昌元年（322）尹奉为宁州刺史，此时朱提已成为大姓争雄之地，东晋王朝对南中的控制已呈鞭长莫及之势。咸和八年（332）成汉李寿围攻朱提，太守董炳固守不出，建宁太守霍彪与大姓爨琛等率兵驰援，次年正月城中粮尽，董炳、霍彪、爨琛出降，三月尹奉也举州降汉。成汉占有宁州后，曾在境内设置郡县，分南中为交、宁二州，以霍彪为宁州刺史，爨琛为交州刺史。李雄执政时期一度为政宽和，轻徭薄赋，经济有所发展，南中出现了短暂的安定局面。338 年李雄死后，李寿杀李雄之子自立为帝，改国号为“汉”。李寿也想采用分割郡县的办法削弱宁州的地方势力，故而折腾不止，结果再次上演了“民多嗟怨，思乱者十室而九”的动荡局面。338 年，建宁太守孟彦“率州人缚霍彪于晋”，两年后孟彦被李寿所杀。霍、孟二姓相互火并而同归于尽，爨氏由此独霸一方。

1963 年，在昭通后海子发现一座建于东晋太元年间（376—396）的壁画墓，由“魂来归墓”的题记，可知是招魂墓，墓主为霍承嗣（先祖为荆州枝江人）。据墓中文字所记，其官职为：“使持节都督交、宁二州诸军事、建宁太守、越嶲太守、兴古太守、南夷校尉、交州刺史、宁州刺史、封成都县侯。”其职位与封号表明这是割据南中的“大姓”——霍氏家族的上层人物（极有可能是霍彪）。

永和三年（347）东晋桓温伐蜀，成汉亡，宁州再次归属东晋。其部将周抚据有梁、益、宁三州。364 年周抚侄子周仲孙为宁州刺史，“在州贪暴，人不堪命”，政绩令人失望。公元 373 年，前秦军队攻陷成都，任命姚苌为宁州刺史，但宁州已被爨氏控制，并未实际到任。太元八年（383）淝水之战，前秦大败，宁州复为东晋所有，宁州刺史同样未能实地赴任。

晋朝统一初期，曾出现短暂的安定局面，朝

廷急于派遣官吏直接控制宁州，实行与内地相同的郡县制。中央集权的强化，必然要削弱地方大姓、夷帅的势力，利益的冲突自然引起土长、豪酋的反对。面对错综复杂的形势，晋朝统治者却未能顾及当地民族众多的实际，只知一味采用军事管制的高压政策。民变在即，也不知变通，加之官吏贪暴，经略无方，统御乏术，结果兵连祸结，导致宁州“频岁饥疫，死者以十万计”。西晋初期曾有“牂牁僚二千余落内属”，西南夷“二十余国来献”。两相对照，贪酷残暴的刺史、郡守，其有负各族人民渴望国家一统，民族和睦的心愿，真是罪不可恕。两晋时期，南中诸郡太守多为贪生怕死之辈，动辄变节投敌，毫无操守可言。如董炳、雷炤、霍彪、爨量、李易等，都先后叛晋降于成汉。

公元420年刘裕取代东晋建立南宋，中国历史进入南北朝时期。南北双方曾在巴蜀展开激烈争夺，但均未能有效控制宁州，滇东已成为爨氏之天下，自相承袭，以刺史、将军之名行割据之实。从《爨龙颜碑》背面题名中的“功曹参军朱提李融之”“户曹参军南广扬道育”等爨氏属官信息可知，朱提、南广虽然因袭东晋旧制，但亦在爨氏掌控之中。

刘宋一朝计有二十三人为益、宁二州刺史，但到任者只有徐循一人而已，其余所谓“宁州刺史”只能在益州成都“遥领”。公元479年，刘宋被萧齐所取代，宁州形式上又为齐所统治。齐国初建，因为宁州“道远，不遣使”，后来所任命都督益、宁二州军事的刺史，也只能侨寄于成都，摆摆样子而已。南齐任命的九位益、宁二州刺史中亦并无一人亲履宁州。只有宁州之朱提郡因靠近巴蜀，驻守成都的益州刺史对其多少还有一点控制力；故而分置南、北、东朱提三郡。南朱提辖朱提、汉阳、堂琅、南秦四县；北朱提辖河阳、义城二县，范围大至相当于今大关、彝良、永善、绥江一带；东朱提辖今贵州水城、毕节、赫章、威宁等地。南广四县则与刘宋时期相同。

南齐之后萧梁、北魏、北周争夺益州，成都数易其主，但均无力经略南中。公元514年，北魏攻占益州，宁州也短暂归附于北魏。普通六年（525）益州复为萧梁所有。544年梁武帝“以先铁讨定夷僚，乃立戎州”，意为“镇抚戎夷”，下辖六同郡（领僰道、南广二县）。大同末（546）梁朝任命的宁州刺史徐文盛得以率部进入宁州。徐文盛是齐、梁七十余年间唯一进入宁州执政的中央大员，可惜在任时间仅两年。侯景之乱，徐文盛调赴荆州，梁朝也就放弃了对宁州的控制。557 年陈霸先受梁禅让建立南陈之后，连名义上对宁州的统治权都丧失了。

534 年北魏因内乱分裂为东魏与西魏，553 年西魏将领尉迟回率兵攻取成都，任益州刺史，同样未能派刺史入宁州。557 年宇文氏建立北周，保定元年（562）“南宁州遣使献滇马及蜀铠……二年北周取宁州东北之地置恭州（今昭通、会泽一带）”。保定三年改僰道为外江县。天和五年（570）“平越嶲，置西宁州”。因北魏已置宁州（甘肃宁县），故北周遂改南中宁州为“南宁州”，仍遥授爨氏为南宁州刺史，统兴古、云南、建宁、朱提四郡。

### （四）隋唐时期昭通境内羁縻府州的设置

隋朝经略南宁州几乎重演了汉武帝开西南夷的过程。东线即从今宜宾往南在昭通境内设恭州、协州，再深入滇池地区置昆州（今昆明）；西线则由西昌向西南逐步推进。开皇二年（582），“以宁州刺史窦荣定为左武侯大将军”；开皇四年(584)韦世冲为南宁州总管，置恭州、协州、训州（今绥江、永善境内）、昆州等。

北周遥授的南宁州刺史爨瓒死后，其子爨震、爨玩各统一部。爨玩归降隋朝后，被任命为昆州刺史。后因韦世冲的侄子荒淫无道，“掠人之妻”。加之“士卒纵暴”，致使“边人失望”，爨玩借机叛隋，韦世冲被免职。开皇十七年（578）史万岁率部征讨，爨玩请降，但隋军一撤，爨氏又反，文帝再次出兵镇压，结果“震、玩惧而入朝，文帝诛之，诸子没为奴。”隋朝经略南宁州的结果只是初步控制了朱提郡内的东爨，而对于建宁、晋宁等西爨之地，因爨氏叛服无常，只好放弃。

开皇六年（586）以开拓边疆之义置开边县，属戎州。隋炀帝崇拜汉武帝，为恢复汉朝旧制，又改戎州为犍为郡；大业三年（607）将恭、协二州并入开边县，以此标榜其开边拓土的雄心壮志。隋开边县在今盐津普洱镇，后因獠乱北迁至今安边镇。由于杨广无道，天下大乱，隋朝在南宁州设置的郡县，三十年后旋即荒废。

唐兴伊始，即定下对周边少数民族的羁縻政策，其核心是“因其故俗而治之”。高祖李渊释放了爨玩之子爨弘达，命其为昆州刺史，并将爨玩的尸骨送回云南安葬。同时益州刺史又派员前往云南，重置隋炀帝废弃的南宁州行政体系。武德元（618）年置南宁州、戎州；同时，沿石门道在昭通境内置协州、恭州；武德三年，南宁州西爨各“部落皆来降”；四年，设南宁州总管府，统领南宁、恭、协、昆等九州；七年，改南宁州总管府为都督府，统辖滇东北、滇东、滇中等地16州；武德八年在昭通境内置靖州，又改恭州为曲州。唐初曲州范围较广，约相当于昭通市除镇雄、威信、彝良之外的中、西部金沙江、横江流经的区域。

武德五年（622）至贞观八年（634），巂州都督府长史韦仁寿代理南宁州都督之职，但还未进驻南宁州。所谓管理工作也仅仅是“授其豪帅为牧宰”，都督一年一度“至其地以抚慰之”。虽然地方行政机构并未正常运作，韦仁寿却做到“法令清肃，人怀欢悦”，实属经略西南边疆之良才！可惜仅驻守南宁州一年便去世了。

太宗李世民临朝，继续开置南中郡县，贞观四年（630），割泸州都督府所辖之戎州，分置戎州都督府，罢曲州，以石门、开边、朱提三县置南通州，五年析置盐泉县。贞观六年罢南宁州都督府，置刺史；南通州隶属戎州。八年（634）改南宁州为郎州，仍由爨氏任刺史，隶属于戎州都督府；同年南通州改名贤州，年内又废，复置曲州，以石门、盐泉置抚夷县及开边县，归戎州管辖。二十三年（649）罢戎州都督府，另置郎州都督统辖原戎督所领之郎、协、曲、靖等17州，戎州则复隶于泸州都府。此时的郎州仍属正都督府，但开元五年（717），郎州再次更名为南宁州之后，已成为由土酋任长官的羁縻都府。

贞观末年，曲州降为羁縻州，后析置新靖、武昌等州。大多数羁縻府州都不必缴纳税赋。其都督、刺史等职务多由原部落首领担任，无论是世袭或其他方式取代，皆由朝廷颁发印信，各酋长名号及部族习俗依旧得以保留。羁縻府州虽户口不上版籍，但绝大部分都要象征性地向朝廷缴纳一定的“贡品”。贞观四年，太宗“招宠远夷”时，就用过一个引起轰动的“朱提瓶”，这一设计精巧的奇器正是“昭通制造”。

唐初南宁州都督区包有北周时南宁州刺史所领朱提、建宁、兴古三郡之境。其范围以今地而言，北起昭通，南至玉溪、通海，东南至南盘江，西至楚雄。高宗永徽三年（652）罢郎州都督府，复置戎州都督。昭通境内曲、协等州归戎州都督府直辖。唐朝经营南中，分别设置了戎州、巂州、泸州、姚州、南宁州、黔州等都督府。昭通境域当时正处在上述六个督府的中心区域。戎州都督府管辖下的石门道沿线的羁縻府州，控制着剑南道与安南之间通道，是唐朝经略西南边疆的战略重地之一。戎州是唐代统领羁縻州最多的都督府，所辖羁縻州地处川西南、滇东北及黔西等三省交汇地区。昭通地处乌蛮、獠蛮等多民族分布区，加之唐朝与爨氏、南诏也在此互争雄长，故其所属都督府屡经更易，地位也在正州都督府与羁縻州都督府之间反复循环。肃宗乾元元年（758）戎州之设成为定制。有唐一代，昭通境域多数时间仍居于戎州都督府的管辖之下。

爨氏长期相继承袭南宁州都督之职，即使天宝末年南宁州失陷后，原都督爨守隅被阁罗凤迁往永昌（今保山）之时，唐朝仍续封爨子华（爨守隅之弟）为都督，并将其机构内迁寄驻于剑南道所辖的嘉州犍为县。东爨乌蛮以朱提郡为主，西爨白蛮以建宁郡为主。东爨乌蛮的地域，包含蜀汉时期的朱提郡及建宁北部，为唐初的曲、协、靖、麻（今寻甸）四州，相当于今滇东北及黔西北地区。为了对付吐蕃，唐朝曾极力扶植南诏统一云南各部。开元末，蒙舍州刺史皮罗阁被封为云南王。但天宝九载（750）皮罗阁死后仅两年，其子阁罗凤却起兵反唐。天宝四年（745 年）南诏占领爨地，与唐朝发生争执。天宝八年，唐朝命何履光“从安南进军伐蛮国（南诏），十载，已收复安宁城”。天宝九年（750）南诏攻占姚州都督府。天宝十年剑南节度使鲜于仲通“率兵出戎、巂州……进兵逼太和城，为南诏所败”，唐军东路曾取道南溪进入昭通境内之石门、靖州、曲州。

天宝十四年（755），南诏背唐而附吐蕃，对唐王朝西南边疆的稳定造成了极大的压力。十五年（756）南诏重新占据爨地，而此时又正值“安史之乱”，唐朝对南诏的攻守之势急转直下。天宝战事后，姚、南宁、巂三州及黔州部分地区，均没于南诏，以乌蛮部设置的曲、协、靖等羁縻州，都沿石门路北徙，复置于戎州所能控制的势力范围内。此时，唐朝与南诏大致以今鲁甸县南部的牛栏江为蛮、汉两地的“界江”。

贞元二年（786），早先被南诏占领的黔州都督府殷、敦、总三个乌蛮羁縻州的首领和残部，在剑南节度使韦皋的努力下，被安置到戎州都督府境内的獠蛮居住地，恢复了三州建制。同时，南广溪洞六獠州也分置出连州、播朗、播陵等九个羁縻州。贞元十年（794）南诏再度归顺唐朝。贞元十三年，马湖地区的乌蛮部落也重新来归，置驯、骋、浪三州，封三州大鬼主董嘉庆为“归义郡王”。贞元年间恢复及新置的羁縻州都由戎州都督府管辖。文宗太和年间（827–835）唐与南诏以大渡河为界。

大中十三年（859）南诏王世隆称帝，举兵攻唐，十年之中，两陷邕州，一入播州，四犯西川，整个西南为之骚动，原姚、戎二府管下的羁縻州县，绝大部分为南诏据有。南诏王世隆称帝后，近二十年间（859—877），发动了多次大规模的对唐战争。乾符四年（877）世隆卒，其子隆舜幼年即位，南诏无力再寇掠唐朝。双方遂以“和亲”为名，展开了数次假戏真做的最后较量。经数年的明争暗斗之后，在“和亲”将成未成之际，唐王朝却在黄巢起义的打击之下迅即崩溃，南诏亦因权臣郑买嗣的篡夺而灭亡。

### （五）两宋对昭通境内乌蛮诸部的羁縻

唐亡，中国历史进入了五代十国动荡时期。907年西川节度使王建称帝于成都，史称前蜀。925年，后唐灭前蜀；934年孟知祥在成都称帝建立后蜀，而此时昭通境内已被昆明、牂牁等部所占据，割据成都的前、后蜀均无力控御。军阀战乱导致中原政权分裂，西南土酋也纷纷趁机自立，唐朝在此所设立的羁縻府州，虽然名义上仍先后隶属于前蜀、后蜀、楚、南汉等中原政权，但实际上已处于独立状态。五代十国持续半个世纪的分裂与动荡不仅没有在昭通政区发展史上有所建树，反而进一步瓦解了原有的郡县基础，留下了长久的阴影。

公元965年宋灭后蜀，大理建昌官员即修书遣使祝贺。此后，开宝至宝元年间（968—1038），大理又多次遣使“入贡”，欲与宋通好。

太平兴国七年（982），宋亦曾令黎州造大船于大渡河上，“以济西南蛮之朝贡者”。据说赵匡胤鉴于南诏反唐的教训，曾用玉斧指着地图上的大渡河说“此外非吾所有也”。从公元965年至公元1116年,北宋拒绝大理册封请求达十一次之多。[①]直到政和七年（1117），才正式册封段和誉为“金紫光禄大夫、检校司空、云南节度使、上柱国、大理国王”。宋与大理以大渡河、金沙江、牛栏江为界，双方边境始终保持着长期疏离而又和平相处的局面。

宋朝基本恢复了唐后期的疆域，但尚未有效控制因五代分裂而脱离中央王朝的西南少数民族地区。直到北宋后期的熙宁、大观年间，经过多次征伐和“招抚”之后，才设置了经制州县或羁縻州。宋代对部落首领的册封，大多沿用唐代官制，又参以各族习俗相沿之称。两宋时期，昭通境域大部属梓州路戎、泸二州所辖。唐朝曾取“以义宾服”之意，在戎州设“义宾县”。入宋为避赵匡义名讳，改“义”为“宜”。又因戎州之名

① 刘永生．两宋王朝与大理国关系研究．佳木斯大学社会科学学报，2006第1期，第80–82页．

义在“镇抚戎夷”，有碍社会和谐，便取《禹贡》“西戎即叙”之义，改“戎州”为“叙州”。宋朝为笼络乌蛮诸部，曾在叙州等地设立市场，而且价格上给予优惠。太平兴国四年下诏：

岁于边郡市马，偿以善价。内属戎人驱马诣阙下者，悉令县次续食以优之。

《宋史》谓：“戎、泸等州，多与蛮人市马，第存优恤”。绍兴六年（1136），泸州知州何悫在谈到“夷人以马请互市”时说：“开场博易，厚以金缯，盖饵之以利，庸示羁縻之术，意宏远矣”。虽然宋开马市属于别有用心，但客观上加强了与西南少数民族的经济交往。

唐代在西南地区所置羁縻州，入宋后大多“荒梗不通”。宋真宗时“泸夷”斗望反叛，只有“移、悦”等11州愿与宋军合作。当时居于泸州徼外的少数民族称为“泸夷”。其部族主要包含有乌蛮与僚人两支。僚人亦称“蛮”或“夷”，为农耕民族。乌蛮主要分布于泸州南部永宁河、南广河上源地区，即今滇东北镇雄，黔西毕节和川南叙永、古蔺等地，以畜牧为主，同时不断劫略周邻民族。

北宋庆历二年（1042），乌蛮罗氏首领得盖以其所居之地旧称姚州为由，提出“愿得州名以长夷落”的要求，宋封其为姚州刺史。得盖死，其子为罗氏鬼主。鬼主死后，其子仆夜仍袭鬼主称号，称罗氏鬼国，但势衰力弱，已无法号令诸部。此时，乌蛮部族中又出现了斧望个恕、晏子两个势力强劲的首领。神宗时（1068–1086），个恕、晏子二部势力已侵入泸南僚人居住地，“擅劫晏州山外六姓及纳溪二十四姓生夷”，逼近长江南岸。王安石认为若要“绝其兼并之谋”，应“抚二酋以王命”，遂以羁縻之意，任命仆夜为姚州知州，个恕为归徕州（今叙永、威信一带）知州。元丰二年（1079），斧望个恕死，其子乞弟承袭。元丰三年（1080）乞弟反，宋以十万人马讨平，五年，宋将羁縻归徕州改赐给协助宋军的罗氏鬼主，乌蛮势力退至纳溪河和南广河上游地带。乞弟死，其子阿永于政和年间与宋修好，封为“夷界都大巡检使”，其后裔遂以阿永为号。宴子四世孙吕告亦被封为“西南蕃部都大巡检使”，其后裔遂以吕告为号。吕告即后世镇雄芒部土司之祖。[①]

① 贾大泉．四川通史（第四册）．成都：四川大学出版社，1993 年，第 124–125 页．

《宋史·蛮夷传》记戎州以南，昭通境内乌蛮各部为“叙州三路蛮”。即：马湖蛮、南广蛮、石门蕃部。马湖部在叙州西北，有马湖三十七部王子董氏，居“马湖江右”，即金沙江下游，今四川雷波、马边，云南永善、绥江一带。南广蛮分布于南广河流域，即今四川高县、筠连至云南盐津、镇雄一带。石门蕃部以乌蒙、乌撒为大，分布于石门道沿线，位于今昭通、会泽、巧家一带。

两宋时期，昭通境域部分属于大理东川郡的閟畔部，其余为叙州、泸州管辖的乌蒙、芒部、易娘、易溪等西南诸蕃部。《混一方舆胜览》说：“蛮名閟畔部，又名大逻甸，蒙氏为东川郡。”南诏建东川城于閟畔部，大理前期以东川郡为据点，与各部同列，后期则以东川郡统率乌蒙、乌撒、芒布、閟畔等部。因大理对今昭通一带乌蛮部族难以有效控制，故乌蒙、茫布都接受了宋朝的封号。其中乌蒙首领阿杓被封为乌蒙王。民间相传其墓地位于今盐津夷都山，据当地保存的“罗氏家谱”云：

始祖罗公讳星字杓……葬于坐宅后边，有坟茔镌碑为记。……罗氏世系，江西吉安府吉水县名族人也……宋时入籍滇南为乌蒙帅……神宗熙宁七年，朝庭命戎州别驾熊本讨泸夷……余罗氏从征有功，皆愿世为汉官，逐敕封吾父罗公杓为乌蒙王。①

该《家谱》又说："我罗氏起属土著民籍，后世耻乌蒙为夷地，遂误传云明时始自江西入籍"。结合罗氏"从征有功，愿世为汉官"的记述，不能排除罗氏本为乌蛮土著的可能性。

宋代昭通境内乌蛮诸部的生存空间与活动地域，恰好处于中原王朝与大理地方政权影响与控制力量此消彼长的角逐之地。因此不论政治、经济还是文化都明显受到二者的影响。但就其部落发展与社会演进而言，这些"抚之难顺，扰之易动"的少数民族部族，与其说他们受到了宋朝与大理双重的"羁縻"，不若说他们审时度势，在两大势力相互作用的政治狭缝中，抓住了千载难逢的历史机遇，为自己赢得了某种自由生长与发展的回旋余地。这些活跃于大理国与宋之间的少数民族部落，一方面使大理国与宋的边境始终处于不稳定的状态之中，另一方面则减少了大理国与宋

① 黄民初．世传盐津"乌蒙王家谱"——"罗氏家谱"初探．云南民族学院学报，1992 年第 3 期，第 42-44 页．

的直接冲突。南宋官员吴昌裔在《论湖北蜀西具备奏》中有着较为详细的记载：

南方诸蛮之大者，莫如大云南，其次小云南，次乌蒙，次罗氏鬼主国。……马湖一江，自叙州入江至开边寨。右去为大江蛮，左去为小江蛮。小江蛮即乌蒙部落也。乌蒙疆界稍大于诸蛮，可为云南之次。……乌蒙之下，即吕告蛮。吕告之下，即阿永蛮。其他皆与蜀之诸郡接。

陆游有诗云："国家一从失西陲，年年买马西南夷"，如在叙、泸等州招买"川马"。南宋时期，内地与大理的边境贸易一度十分兴盛，但政治往来却反而不如北宋频繁，与大理国的臣属关系并没有得到强化和巩固，甚至名义上的藩属关系也不情愿维系。随着蒙古大军的步步紧逼，南宋君臣才想到联络大理共同抗敌，但为时已晚。

南宋宝祐三年（1255）蒙军灭大理后，南北夹击攻蜀，南宋朝廷又不惜重金拉拢罗氏以为后援，对吕告、阿永诸蛮，也专门"差人赍礼物抚犒"，宝祐四年（1256）9月，有"西南蕃吕告蛮目宁名天兄弟"等"为国家御难"。1259年蒙哥汗围攻钓鱼城时死于军中，征蜀之役以失败告终。1271年，忽必烈称帝，建国号大元。1273年，虽有“马湖蛮王汝作、鹿巫蛮王沐丘帅蛮兵五百余助官，军民义阻险马湖，捍御有功”，可惜大势已去，1279年崖山之战，南宋灭亡。

### （六）元明清行省制下的乌蒙土司

蒙古本想打通川东之后，再沿长江东下灭宋，可是却因遭到了四川军民的顽强抵抗而作罢。为此，又采用“斡腹之谋”，实施从四川西部的吐蕃地区奔袭大理，再从南面包抄入蜀灭宋的迂回战术，大理亦由此卷入宋蒙战争的漩涡而不能自拔。

1253年忽必烈“革囊渡江”，千里奔袭云南，1254元军攻灭大理，并俘获了国王段兴智。蒙哥赐其金符，命他统领旧地，成为元朝云南境内最大的土官。同时又置宣抚使对之进行监察，并设立了十九个万户府及诸千户分治其地。中统元年（1260），以段氏为大理总管。

至元十一年（1274）设立云南行中书省，治中庆路（今昆明），改万户、千户、百户为路、府、州、县。元朝建立的行省及在边疆和少数民族地区所设置宣慰司、宣抚司、安抚司、长官司等，突破了秦汉以来的羁縻统治，改而用直接治理的措施。

元朝对土官的管理比以往更加严密，土司不仅要送子入朝为人质，定期朝贡，缴纳赋税，有时还要供军需和出兵随征。同时，在其辖境内还有负责修筑道路，设立驿站的义务与责任。对较大的土司，朝廷还要派官员进行监督。土司属于朝廷命官，配有政府颁发的符印，允许他们世袭其官，“土官病故，子侄兄弟袭之，无则妻承夫职”。

蒙古人称境土相连的滇东北和黔西北的芒部、乌蒙、乌撒、易溪不薛为“赤秃哥儿”（蒙语“鬼蛮”之意），因为这一带曾是唐宋时期乌蛮部落各大小鬼主及罗氏鬼国的地盘。《明史·土司传》说：

乌撒与永宁、乌蒙、沾益、水西诸土官，境土相连，世戚亲厚，既而各私所亲，彼此构祸，四川乌撒军民府，云南沾益州，虽滇、蜀异辖，宗派一源。

至元十三年（1277）立乌撒、乌蒙、东川三路，隶属四川行省；十五年升乌蒙路为军民总管府（驻今威宁），改隶云南行省，领乌撒路（威宁、赫章）、乌蒙路（昭阳区、鲁甸、大关、盐津）、东川路（巧家、会泽、东川市）、芒部路（镇雄、彝良、威信）；十八年改为乌蒙军民宣抚司，二十五（1288）年升为乌撒乌蒙宣慰司，兼管军万户府，领乌撒、乌蒙、东川、芒部四路；大德四年（1300），“立乌撒、乌蒙等郡县”。惠宗至元元年（1335）乌撒宣慰司改属四川行省。东川路在元初时置閟畔万户府。《大元混一方舆胜览》载，乌蒙路领土僚蛮长官司（地跨今盐津、大关二县），洪武十六年革土僚长官司。

元朝时期昭通金沙江沿岸及北部境域还有一部分属于四川行省的马湖路、叙州路、永宁路以及叙南等处蛮夷宣抚司管辖。宋代马湖部蛮主屯居于马湖之内一山岛之上。至元十二（1276）年归附，该部众离岛迁往今绥江西北之金沙江南岸，并在此设置马湖路总管府，大德九年（1305）迁至今四川屏山县城。雍正七年（1229）划屏山县属“金沙江南岸百四十里归云南昭通府”。

明初省级行政区划，仍沿袭元朝旧制。洪武九年（1376）各行中书省改为承宣布政使司，全国设 13 个布政使司，云南为其一。后又先后设立提刑按察使司和都指挥使司（简称都司），与布政使司并称“三司”，三司长官互不统属，各自直隶中央。明代改元朝的路为府。明洪武四年

（1371）遣使至乌撒等地招降。同年，马湖土官安济归附，改马湖路为马湖总管府，安氏任知府。绥江明代属四川马湖府平夷长官司所辖，县城设副长官司署，原名副官村。弘治八年（1495），土知府安鳌以罪伏诛，改马湖府为流官知府。盐津县黎山飞来寺，尚存明朝天启七年（1627）所立马湖府界碑，可知今昭通永善、盐津等地，当时亦属其境域。水富县部分地域明代属四川叙州府。

洪武十四年，命傅友德为征南将军，取道贵州，兵临乌撒，并诏谕乌蒙、乌撒首领“悔罪向义，当即躬亲来朝，或遣人入贡”。十五年（1382）乌蒙、乌撒、芒部、东川等部归降。置乌撒、乌蒙、芒部、东川府，属云南布政使司。同年，置乌蒙、东川、芒部卫指挥使司，隶云南都指挥使司。朱元璋诏令乌蒙等部的首领“开筑道路”。洪武十六年（1383）乌蒙、东川、芒部改属四川布政使司川南道，乌蒙卫调驻毕节，属贵州都指挥使司。十七年（1384）乌蒙、东川、芒部土府均升为军民府，各府赋税为每年交粮8000石、毡衫800领。

正德十六年（1521），在今彝良境内置白水江簸酬长官司（今牛街），并置白哈坝、宴家坪、幺姑坝、孔雀溪四处巡检司。明嘉靖五年（1526）援引“大雄”古名，改芒部军民府为镇雄府。废除芒部土司的世袭，设流官知府，筑土城于吗里。置归化（今彝良奎香）、威信（今镇雄母享）、安静（威信旧城）、怀德（镇雄牛场，原名却佐）四长官司。但迫于土官势力的反抗，嘉靖九年又取消流官，恢复土司制。明神宗万历三十七年（1609）再改镇雄军民府为镇雄府，四十一年贵州巡抚提议将镇雄、乌蒙、东川、乌撒四府划归黔辖，因遭四川巡抚反对而作罢。万历三十八年因四川东川土司禄寿、禄哲兄弟相残，改由云南巡抚节制。

1644年，明朝山海关总兵吴三桂降清，引清兵入关，顺治帝入主北京。清军入滇，改明代布政使司为云南省，设巡抚，并设云贵总督两省互驻。清代于府、州、县之外另创厅制。废除明代以卫所，改置绿营兵，设镇、协、营驻守各地，营下分设汛、塘驻防。顺治十年（1653）诏谕西南各地土司，凡归顺者都“优加赏爵”并“给敕谕印信”。

顺治十五年，清朝大军征云南，同年东川禄万兆归降，颁赐东川军民府印。十六年吴三桂兵至乌撒七星关，镇雄土司陇鸿勋率众投降，加升按察司副使；乌撒、乌蒙归附。直到雍正改土归流前，清朝在昭通所设政区基本延续着明朝末期的格局，乌蒙军民府、东川军民府、镇雄军民府仍旧属四川省。

康熙三十七年，东川军民府改设流官，并于雍正四年(1726)划归云南，乾隆三十九年(1764)，改为东川府。康熙五年（1666）吴三桂进剿乌撒安氏，改乌撒府为威宁府，划入贵州省。康熙三十四年，阿兴土酋安永长“因化谕苗蛮投诚有功”，授土千户，给信印，驻防今永善桧溪。

**（七）雍正改土归流，乌蒙更名为昭通**

历史上在边疆民族地区推行的土司制度，曾经有利于中央王朝对边远地区的间接统治，但世代承袭的土司，其辖区也容易成为一个闭关自守的独立王国，以致“土人知有土官而不知有国法”。随着国家统治力量的增强和移民开发引起的“土”“客”冲突，以及土司反复无常地与中央对抗，已危及边疆民族地区的政治、经济和社会稳定。康雍时期各地官吏奏报土司扰害百姓，肆行凶恶，鱼肉土民的事件比比皆是。鄂尔泰上奏当时乌蒙土府的情况为：

其钱粮不过三百余两，而取于下者百倍。一年四小派，三年一大派，小派计钱，大派计两。土司一取子妇，而土民三载不敢婚。土民有罪被杀，其亲族尚出垫刀数十金，终身无见天日之期。[1]

雍正皇帝认为相沿已久的“以夷制夷”之法已不合时宜，决定实行“改土归流”。大规模的行动集中在雍正四年到九年间（1726–1731），涉及云南、贵州、四川、广西和湖广等省，重点在云贵，而滇东北乌蒙土司地区首当其冲。

元明以降，地处川滇黔之地的乌蒙、芒部、乌撒、东川等部土司，始终是一种不稳定因素，时时冲击着大一统王朝的政治经济秩序。元初，兀良合台率军入境，乌蒙等部“大惧请降”，但元军北上后又相继反叛，至元十年（1273）才征讨平定；至元二十一年，今盐津横江一带“土老蛮”反，杀诸王及行省使者；至元二十三年，乌蒙土司阿牟杀宣抚使；大德六年（1302）永宁、乌蒙、乌撒、东川、芒部叛乱；至顺元年（1333）乌撒

① 方国瑜主编．云南史料丛刊（8 卷）．昆明：云南大学出版社，2001 年，460–461 页．

土官禄余杀宣慰司官吏。

明宣德七年（1432），乌蒙、乌撒土官禄昭、尼禄争地仇杀；正统元年（1436），芒部动乱；天顺元年（1457），芒部白水江蛮围攻筠连；嘉靖元年（1522），芒部土官陇政、陇寿争权混战；三十年，东川土官争袭，相互残杀；万历元年（1573），镇雄、沾益土官为争乌撒之继嗣彼此仇杀；六年，四川永宁土司自相攻伐；三十七年，东川禄寿、禄哲兄弟相残；天启元年（1621），乌撒、永宁、水西土司叛乱。三年东川土官禄千钟攻寻甸、嵩明，被滇军击退；康熙三年吴三桂征讨水西；三十三年，东川小安氏刺杀土知府禄氏。雍正三年（1725），乌蒙土目禄鼎坤攻掠东川巧家等地。

乌蒙、乌撒等各部土司层出不穷的反叛与相互仇杀，很大程度与当时的行政区划格局和历史背景有密切关系。明朝初年，因先平定四川后征服云南，当时贵州尚未设省，故乌蒙、乌撒、东川、芒部等首先归顺者只能隶属于四川。但就地理位置和人文联系而言，这些土司都是与蜀疏远而与滇、黔亲近者，但“滇、黔有可制之势而无其权，四川有可制之权而无其势”。其间也有过将东川划归云南节制的举措，可是行政隶属关系仍旧未变。万历四十三年（1615），云南巡按使吴应琦、贵州巡按御使杨鹤都提出将乌撒划归贵州，把土酋安氏势力分割为滇、黔两部，分而治之的建议。

云贵总督鄂尔泰认为土司盘踞为“云贵大患”，如“欲安民必先制夷，欲制夷必改土归流”。其策略是“将富强横暴者渐次擒拿，懦弱昏庸者渐次改置”。他认为，云贵川三省结合部的土司之所以难治，是由于地分数省，事权不一，东川至云南省城四百余里，而距四川成都一千八百里。如乌蒙土司攻掠东川，已被滇兵击退，而川兵始至。雍正四年（1726），为了改土归流能顺利推进，鄂尔泰再次提出将乌蒙、镇雄、东川划归滇省节制的建议，终获雍正帝首肯。元明清三代，正是由于特殊的地缘关系和历史背景，使得昭通所隶属的高层政区在川、滇两省之间多次反复。

雍正曾对乌蒙的改流，做了两手准备，即“计擒为上策，兵剿为下策；令自投献为上策，勒令投献为下策”。鄂尔泰认为，乌蒙土司“骄悍凶顽，素称难治”，他说：“欲改土归流，非大用兵不可”。在清廷最终做出“乌蒙必须征剿，断难诱擒”的决断后，武力镇压在滇东北地区引起的冲突和残杀，无论其范围和力度都是史无前例的。彻底摧毁了少数民族上层集团对当地的长期统治，为朝廷重建地方行政扫清了障碍。

在清兵进剿乌蒙之时，镇雄土府及东川土目曾与乌蒙联手抗拒，但在清军的政治攻势及武力打击之下迅即土崩瓦解。雍正四年十二月二十七日发兵，次年正月十四日就占领了乌蒙、镇雄。善后事宜中，除设镇置营，驻军弹压之外，最重大的事项就是府、州、县等行政机构的布局和运作。对此鄂尔泰作了周密的谋划和安排。他上疏说，乌蒙地势广袤，请仍设为府治，其府治及小乌蒙鲁甸、奎乡、米贴等处皆属乌蒙上方，应设知府一员，总理郡务；其下方扼要之地为大关坉、豆沙关、盐井渡、梅子沟以及水陆十八站等，去府较远，设通判一员分理郡务；米贴地方去府治西北三百里，控驭险要，设知县一员总理县务；鲁甸地方为土司禄鼎坤旧地，设巡检一员驻扎，盐井渡地方远通川省，设巡检一员驻扎。镇雄较乌蒙稍隘，改为州治，其彝良地方为八火头之最，设州同一员驻扎；威信地方为十三白勒之最，设州判一员驻扎，母享地方为七火头之最，设巡检一员驻扎。统属于乌蒙府。

雍正五年（1727），乌蒙、镇雄二府划归云南，置古寨巡检司（今鲁甸龙树）。东川府新设会泽县，治巧家汛龙格（今巧家营），因征粮不便，次年迁至东川府附郭（即府县同城）。六年，平定法戛土目，废六营长、九伙目，改置四乡八里。嘉庆十六年（1811）于鲁木德（今县城）设巧家抚彝同知，析会泽县之归化、善长、向化三里及披沙21寨归其辖制。道光四年（1824）置巧家厅，属东川府。

雍正六年（1728）降镇雄府为州，隶属于乌蒙府，废归化、怀德二长官司，置彝良州同和母享巡检司属镇雄州；并安静、威信二长官司设威信分防州判。同年，乌蒙府置恩安县，设大关通判，置大关厅；又于米贴（今永善黄华乡）置县。二月副将郭寿楲率军追捕米贴土目禄氏，反遭“土夷趁夜劫营”，三百清兵仅逃脱十余人。鄂尔泰派军征剿，残害三万余人。事平之后，钦定县名为“永善”，又设县丞于副官村（今绥江）。八年（1730）八月，因乌蒙镇总兵刘起元贪暴残忍，大关通判刘镇宝以苛刻为能事，民怨沸腾，乌蒙再反，杀总兵刘起元，东川娜姑、者海土酋也起事响应。鄂尔泰调滇、黔官兵三路进剿，年底平定。九年（1731）设大关同知；同时撤古寨巡检，移大关通判驻鲁甸，筑城建鲁甸厅。鄂尔泰认为“乌蒙者不昭不通之甚也”，上奏改乌蒙为“昭通府”，辖镇雄州、恩安县、永善县、鲁甸厅、大关厅。弃天梯旧城，新建府城于二木那（今城区），置恩安县为附郭。从此，结束了乌蒙作为政区地名的历史。

雍正八年，置迤东道（初治寻甸，后移曲靖），辖滇东北、滇东、滇中、滇东南地区，并改康熙九年（1670）所置永昌道为迤西道（初治大理，后迁腾冲），辖滇西、滇西北等地区。乾隆年间析迤东道，在滇南置普洱府，辖滇中南等地，故又有“迤南”之说。这就是云南称为“三迤大地”的由来，“迤”即辽远之意。

改土归流后昭通境内保留和设立的土司仍有：永善阿兴土千户，巧家阿朵土千户（今小河镇拖车村）、阿白土千户（今东坪乡）。乾隆三十一年（1766），还在巧家管辖的江外地区新置木期古土千户（今宁南县）。雍正六年，阿兴土千户安永长曾助清兵擒获参与叛乱的吞都德昌土司。八年，德昌后人“挟怨杀永长，其子天柱袭”。

乾隆元年，移永善副官村（今绥江）巡检驻鲁甸古寨，副官村添设县丞一员。乾隆四十八年（1783），增设镇雄州牛街知事。晚清政府还对昭通政区做过一些调整。光绪三十四年（1904）升镇雄州为直隶州，置彝良县（治奎香），辖于镇雄州。同年永善县划出北部之副官村，设靖江县（今绥江、水富等地），宣统二年（1910）因与江苏靖江县同名，改称绥江县。

### （八）民国以来昭通政区的调整

昭通民国时期的行政区划，在保持了稳定性、连续性的基础上也发生了不少变化。民国元年（1912）知县公署改为县行政公署。二年北洋政府废府（州、厅）设县，以“道”统县，实行省—道—县三级行政区划。废东川府、镇雄州，置镇雄县，长官司设（威信旧城）威信行政委员会。恩安县改名为昭通县，大关厅、鲁甸厅、巧家厅改为县。昭通、鲁甸、巧家、永善、大关、绥江、镇雄、彝良县和威信行政公署皆隶属于滇中道。

1917年，改母享分治委员会为县佐（1928年撤销）。从大关分置盐津县。1922年，威信行政公署受战乱影响，由长官司移驻扎西，1928年撤滇中道，各县直属省管。1932年威信行政公署改为设治局，1934年置威信县。1933年废团保，改设区、乡、闾、邻。1940年，废区扩乡镇，建保甲。1942年，设云南省第一行政督察区，驻昭通县，辖昭通、永善、绥江、盐津、大关、彝良、镇雄、威信、鲁甸、巧家10县。1948年，从曲靖专署（云南省第二区督察专员公署）划出会泽县归昭通专署管辖。

民国时期，为了围剿苏区，曾在江西设置专区，后推行至全国，形成省—专区—县虚三级制。中华人民共和国成立后，这种制度延续下来，称为专区或地区，但只是省的派出机构，并未作为一级政府。1950年设立云南昭通区行政督察专员公署作为省的派出机构，1951年后改为云南省人民政府昭通区专员公署，1953年改称云南省昭通专员公署，管辖昭通、鲁甸、会泽、巧家、永善、绥江、盐津、大关、镇雄、彝良、威信11县。1958年10月，会泽县划归东川市；11月，鲁甸县并入昭通县、盐津县并入大关县。1961年鲁甸县、盐津县恢复建制。1969 年成立昭通专区革命委员会，1971 年，改称昭通地区革命委员会，1978 年，成立云南昭通行政公署，1980 年改称昭通地区行政公署。1981 年新设水富县。

20 世纪初在工商业发达，人口密集的地域型政区中分化出了“市”这一新的区划名称，市或与省相当而成为直辖市，或与县相当而成为省辖市。1914 年北京成立“京都市政公所”，1922 年，云南置昆明市，1925 年广州定为省辖市。1926 年在汉口设立特别市，次年又确定南京、上海为特别市。昭通境内第一个县级“市”的设置是 1981 年 11 月 18 日成立的昭通市。2001 年 8 月昭通地区撤地设市，下辖昭阳区、鲁甸、巧家、永善、绥江、水富、盐津、大关、彝良、镇雄、威信 11 县区。

新中国成立后，昭通各县区所辖之乡镇经历过多次的更迭变化。1958 年人民公社化之前，县下所辖为区、镇。1959 年全面改区为公社。1984 年公社改称区，1987 年，撤区建乡镇，设置 117 乡、19 个民族乡、34 个镇、4 个街道办事处。之后，又经过乡改镇、乡镇合并等一系列的调整。截至

2014年，全市计有99镇、40个乡、7个城区办事处，1109个村民委员会、216个居民委员会。

回顾历史，昭通地处边疆要地，历代统治者在此设置过众多的军事管理机构，可谓种类齐全和数量众多。从汉武帝开西南夷，置南部都尉、犍为都尉，到三国时期的庲降都督、两晋南北朝时期的宁州刺史、南夷校尉以及隋、唐的南宁州总管府、戎州都督府、南诏国的拓东节度使，宋挥玉斧之后的戎（叙）州羁縻地，元朝时的乌蒙万户、乌蒙军民总管府、乌蒙军民宣抚司、乌撒乌蒙宣慰司兼军万户府，再到明朝的乌蒙卫、芒部卫指挥使司、军民府，清朝的云贵总督、巡抚、提督、乌蒙镇总兵，以及民国初期的督军、镇守使等，无一不以武力威慑为后盾，对当地人民实行军事管制或武力监护。在两千多年的政区建置历史中，昭通属于军管型的特殊时期就长达1700多年。

# 五、多元汇流，沧桑激荡

## ——昭通地方文化

文化既有历史的延续性，又占有一定的地理空间。正是人类多姿多彩的文化创造，使抽象的地理空间转化为具体、异质、多样而富有魅力的地方。地域差异的本质是指“地方性”。所谓地方性，即当地的景观、历史、传统、文化、价值观、权力关系、组织结构等综合形成的一种地方独特性。今日，巴蜀古风，秦楚遗韵，滇僰风情，夜郎故事仍在滇、川、黔三省结合部的昭通地区传承，影响悠远。

秦朝时期为经营西南夷而开辟的五尺道，不仅对加强边疆与内地的联系起到了极为重要的作用，而且作为中印之间最早的国际通道的组成部分，在对外交通史上也产生了深远的影响，使得巴蜀地区与滇文化区、东南亚、南亚以至近东地区都发生了文化交流。而居于这条南方“丝绸之路”要冲的昭通境域，自然成为东西南北各地域文化辐射与交汇的关津枢纽。

昭通地处川滇要道，自古为兵家必争之地，历史上政权更迭频仍，战乱不已，民族迁徙不断，导致了多次文化空间的相继占用，地域景观随土地利用方式的不同而随之改变。经数千年的演变与发展，在人口与民族、聚落与交通、经济与技术、政治与军事、宗教与民俗、语言与地名等方面都有着丰富的历史文化积淀。

商周之际，朱提为望帝发祥之地，春秋战国时期昭通境内夜郎、西僰日渐繁盛。秦王嬴政“奋六世之余烈”，命蜀守李冰开通“僰道”，进一步向南扩张，“余威震于殊俗”。“西南夷”地区成为秦国的属地，昭通境域也纳入了蜀郡范围。大汉勃兴，“武皇开边意未已”，犍为属国都尉文齐凿龙池，溉稻田，稳固了汉文化在昭通的根基。终于在两汉时期创造了一个经济文化高峰，给后人留下了朱提银、双鱼洗等珍贵文物和孟孝琚碑这一南中瑰宝。

三国鼎立，刘备定蜀，武侯南征，昭通进入朱提郡制时代；魏晋南北朝时期，军阀混战，昭通境域为孟氏、霍氏等南中大姓盘踞。隋朝定鼎中原，史万岁南征爨氏过石门关，留下了“镇压西南天半壁”的诗句；大唐御史中丞袁滋册封南诏，豆沙关摩崖题记犹存。宋封阿杓为乌蒙王，昭通进入乌蒙时期；元跨革囊，以武力为后盾在乌蒙推行土司制；明太祖30万大军远征云南，大小土司望风而降，仍设土府于乌蒙。清雍正皇帝改弦易辙，废乌蒙土司，立昭通新府。历史上昭通称“朱提”约760年，称“乌蒙”约980年，“昭通”一名至今已逾280年。

**（一）望帝春心托杜鹃——开风气之先的昭通农耕文明**

先秦时期，古蜀国先后经历了蚕丛、柏濩、鱼凫、杜宇、开明五个王朝。其中，关于杜宇的传说事迹尤为丰富和神奇。西汉学者扬雄《蜀王本纪》说：“杜宇从天堕，止朱提”。东晋常璩所著《华阳国志》记载杜宇的事迹有：“从天堕”“自立为蜀王”“纳妃”“教民务农”“移治郫邑”“积百余岁”“以鳖灵为相”“会有水灾”“禅位于开明”“升隐西山”“死化为鹃”等。由从天而降的神异，到蜀中称王的功德，后来又因天灾而遭遇人祸，最终死后化为杜鹃鸟，这一系列传奇故事简要地勾画出了杜宇王朝的兴衰历程。

杜宇源于朱提，已为学界共识。《四川通史》第一册的著者段渝认为，“从天下”表明来于蜀国以外，他写道：“杜宇来源于朱提，入蜀后与江源的蜀人族氏进行政治联姻，进而夺取蜀国王政”。川大教授刘复生亦认为杜宇为朱提人，他说：此地正是“僰国”区域，杜宇应是僰人之一首领。“从天而下”，若从民族史角度看，则可能表示僰人首领杜宇率部族从云贵高原乌蒙山区，进入川西平原的氐羌部族区域的隐喻。

著名学者任乃强认为，杜宇入蜀后，大兴汶山牧业，与朱提银矿业，成都农业，三者结合发展，故能骤致富强。追本溯源，昭通银、铜、铅、锌等有色金属资源丰富，在新石器时代就出现了铜剑与铜斧，可见金属开采冶炼的历史的确悠久。中国科技大学教授金正耀用同位素质谱技术对殷墟青铜器所做的铅同位素示踪研究，发现其中部分青铜器的铅同位素特征和昭通市永善县金沙厂矿山一致，而与其它地区差异较大，揭示出商周时期中原青铜业与昭通的联系。对此，任乃强在《华阳国志校补图注》一书中早已指出：

朱提银矿发现在殷、周世。其时，中原之技术奴隶，有逃入西南地区，以技术自立于少数民族部落间者，受其部落酋长尊敬优待。……先秦世朱提已以银产著名。

李晓岑教授的研究也表明，来自昭通永善、巧家、昭阳区等地的矿质在商代中原青铜器中广泛存在，西周和东周时期逐渐减少，东周以后消失。他认为早在商周时期，滇东北的金属矿产就大规模地输入中原。他说：

滇东北在中国冶金史乃至世界冶金史上都曾是一个有极为重要地位的地区，这个地区在很早的时期冶金技术就高度发达，并创造了很多冶金史上的伟大发明，产品还早在商周时就大规模地输入内地，并产生过世界性的影响，无疑这个地区是中国最重要的冶金发源地之一。

杜宇率部从昭通进入成都平原取代鱼凫氏，自封为望帝“教民务农”的传说，不仅有着古老的文献依据，而且也有坚实的考古证据。碳十四测年数据表明，长江流域水稻栽培的时间早于距今 12000 年以前，这是目前世界范围内已知最早的稻作农业证据。夏、商、周时期在长江流域，进一步分化出了“群蛮”“百濮”“百越”“荆楚”及“巴”“蜀”“滇”“夜郎”等族群和部落。民族学界通常把几何印纹陶、有肩石斧、有段石锛等,作为新石器时代百越先民的文化特质。百越文化最显著的标志是：干栏建筑、善操舟楫、稻作农耕、断发纹身，拔牙饰齿、悬棺或崖葬等。百濮、僚人、僰人也有悬棺葬的习俗。僰人既能大规模地种植经济作物，又能利用灌溉技术种植水稻，其发展程度显然高于周边从事游牧生活的其他部族。就此而言，僰人可能是源自掌握了水稻栽培技术的南方百越或百濮民族。

昭通境内的僰人在文化上的确与百越关系密切，他们是从华东、华南地区逐步迁徙到西南的。贵州盘县、水城、威宁、毕节等地发现的磨制石器中，都存在一定数量的双肩石斧、有段石锛。在昭通闸心场和鲁甸马厂，也发现了有段石锛，与黔西北威宁、毕节、赫章所出者相近。有学者认为“朱提”为古越语地名。[①]此外，在威宁中水鸡公山商周时期的遗址中出土了少量带有西北地区氐羌文化因素、东南百越文化因素以及成都平原三星堆文化因素的器物，这为研究来自西北地区、成都平原和东南地区古文化与滇东北、黔西北地区的土著文化的交流提供了新的资料。[②]

僰人可能是源自种植水稻的百濮支系，正是由于他们率先掌握了先进的农耕技术，才可能产生杜宇到蜀地“教民务农”的传说。1995 年，考古人员在距昭通市区以东大约 20 公里的贵州威宁县中水镇发现装有大量碳化稻谷的两个土坑，经碳 14 检测，这些稻谷距今约 3100 年，相当于商末周初时期。2004 年，又在距中水汉墓群大约 3 公里处的鸡公山上发掘出 300 多个土坑，其中 80% 出土有碳化稻米。被誉为贵州最早的“粮仓”。可见，早在杜宇兴起之际，黔西北与滇东北地区就已经是一个自成体系的文化区域，其分布范围主要在金沙江下游东部支流牛栏江流域、横江流

① 李锦芳 . 百越地名及其文化蕴意 . 中央民族大学学报，1995 年第 1 期，79–84 页 .

② 贵州省文物考古研究所 . 贵州田野考古报告（1993–2013）. 北京：科学出版社，2014 年，第 77 页 .

域南部黔西北至滇东北高原山地中，中心地域位于昭鲁盆地和中水盆地。该文化类型已经具备较为发达的稻作文明，进入了农耕社会。由此推之，商末周初时期杜宇从昭通进入成都平原教民务农，是有雄厚的农耕经济基础的。需要注意的是，所谓“杜宇教民务农”，并非指先前的古蜀人不知稼穑。据考古研究，杜宇之前蜀地农业已有一定规模。他的贡献在于利用物候知识按季节合理安排农事活动，改进农耕方法，使当地经济提高到以农业为主的阶段。故被巴、蜀农人尊为“杜主”（农神），杜宇魂魄所化作的杜鹃，也被认为是催耕之鸟。

杜宇入蜀的原因，除了商业交往，所引起的对成都平原富庶繁荣的向往之情外，也可能有环境变化的压力，如遭遇自然灾害，或土地肥力下降等因素。人类虽然很早就发明了农业，但初期尚不知道施肥，长期耕种导致地力下降后，仍要面临另择新居的问题。史载夏、商也曾屡次迁都，事实上杜宇入主蜀地之后，其都城在肥沃广阔的川西平原上也有过数次迁移。始“以汶山为畜牧”，后“移治郫邑，或治瞿上”。杜宇之后的开明王朝都城同样迁徙不定，有“成都”“新都”“广都”（今成都市双流区）等多处。另据《蜀王本纪》“有一女子名利，从江源地井中出，为杜宇妻”的记载，还隐含着杜宇入蜀的另一个更为直接的原因——部落之间的联姻。在积极发展自身实力的同时，极力争取外援，建立婚姻联盟，正是早期部落迁徙与发展的一个重要动因。杜宇之妻“从江源地井中出”来头亦不小，《河图括地象》曰：“岷山之精，上为井络”。梁利从“江源地井中出”正是上应天星的征兆。杜宇夫妇一个来自于天，一个来自于地，堪称完美绝配，故能联手取鱼凫王国而代之。

杜宇为“教民务农”，发展生产，恩泽长留人间，因此受到了百姓久远的崇拜和怀念。时至今日，在昭通市的一些县区中还有川主庙、土主寺等地名，这些都是祭祀杜宇留下的痕迹。此外，关于杜宇“禅位”的传说也充满了令人遐想的谜团与隐情。《太平寰宇记》载：

望帝自逃之后，欲复位不得，死化为鹃，每春月间，尽夜悲鸣。蜀人闻之曰：我望帝魂也。

面对如此动人的传闻，多愁善感的文人墨客，或触景生情，或借题发挥，留下了数量众多的诗词歌赋，如南朝诗人鲍照《拟行路难》：“中有一鸟名杜鹃，言是古时蜀帝魂。”杜牧《杜鹃》：“杜宇竟何冤，年年叫蜀门”；杜荀鹤《闻子规》：“楚天空阔月沉沦，蜀魄声声似告人”。诗圣杜甫也写道：“杜鹃暮春至，哀哀叫其间。我见常再拜，重是古帝魂。”这些诗歌都侧重抒发了对杜宇失国的悲悯与感伤之情。

在后世传说中，杜宇的功业，并不止于教民务农，其领导治理江水的功勋，亦堪与神禹比肩。《水经注·江水》说，瞿塘峡：“盖自昔禹凿以通江……巫峡，杜宇所凿以通江水也。”并引《本蜀论》云：

荆人鳖令死，其尸随水上……复生，起见望帝。……帝立以为相。时巫山峡而蜀水不流，帝使令凿巫峡通水。

近现代著名文学家，如王国维、鲁迅、钱钟书等都写过与杜宇为典故的诗句。王国维：“落日千山啼杜宇，送得归人”；鲁迅“无端旧梦驱残醉，独对灯阴忆子规”；钱钟书：“吾闻蜀有鸟，催归名子规”。杜宇的故事也因历代文人的反复吟咏而传诵不绝！朱提为望帝发祥之地，正是杜宇奠定了昭通与巴蜀血脉相连的历史渊源。

## （二）秦风汉骨乌蒙魂——底蕴深厚的昭通区域文化

秦开五尺道，在僰人聚居区设“僰道”（县级政区），汉通南夷道，在夜郎、西僰之地置犍为郡。赫章可乐、威宁中水出土的夜郎文物与昭通有着密切的关系。如果在地图上把宜宾—昭通—东川—曲靖—六盘水—毕节—宜宾六个城市连成一个多边形，那么中水、可乐正好处于该区域的中心地带。这一区域与西汉时期犍为南部都尉所统辖的范围基本一致。元封二年（前109），汉朝在犍为郡南部设都尉（治汉阳），辖朱提、南广、堂琅、汉阳（贵州威宁、赫章一带）、郁（宣威一带）五县。中水夜郎遗址与昭通政区之关系，撰写《贵州省志·文物志》的学者已经指出：

赫章和威宁的发掘报告，均称发掘地点属西汉犍为郡汉阳县，但中水距昭通仅22公里，昭通又是汉置朱提县治所，因此，定中水为朱提县境较为合理，这种认识从随葬陶器的风格和铜器的特征均可得到印证。[①]

贵州省博物馆曾在威宁中水镇发掘战国至两汉时期的墓葬58座。出土铜、陶、铁、玉等各类器物500余件。其中铜器最多，受滇和巴蜀文化的影响明显，既有西南地区青铜文化的共同点，也具有本身特色；陶器富有地方民族特点，特别是陶器上的50多个刻画符号，为贵州地区考古的新发现。威宁县中水遗址也被认为是夜郎文化的主要源头之一。此外贵州赫章可乐遗址已经发掘了300多座春秋战国时期的墓葬，出土1000多件文物。其中20座墓葬中，死者的头、脚被套在铜釜或铜鼓内。威宁、赫章众多古墓葬中，还出土了无胡直内饕餮纹铜戈、青铜箭镞、一字格铜柄铁剑、无胡铜戈、蛇头茎首铜剑、牛头形铜带钩和鲵鱼形铜带钩等文物，它们与巴、蜀、滇、南越、楚等地出土的文物既有联系又不尽相同，应是古夜郎国时期的文物。《赫章可乐2000年发掘报告》认定可乐为汉阳县治所在。

春秋战国时代楚国西境已达蜀郡西部金沙江

---

① 贵州省地方志编纂委员会编．贵州省志·文物志．贵阳：贵州人民出版社，2003年，第745页．

流域。秦、楚曾在南中地区展开过剧烈的争夺。公元前279年左右楚将庄蹻溯沅江而上，克且兰、降夜郎，一路攻城略地到了滇池地区，就在庄蹻将要返回楚国报捷之际，秦军占据楚国的巴郡和黔中郡，阻断了其退路。最终庄蹻只好入乡随俗，将自己“夷化”之后留在当地作了滇王，都城位于今晋宁县。直到西汉中叶，降汉受印的滇王都是庄蹻后裔。庄蹻入滇对昭通的影响，姜亮夫说：

三苗西迁，庄蹻东来，其子姓已不能实指，而不能飞越乌蒙，又可断言，则其骨骼肤理必有在吾昭之子孙血溶俞脉之中。[①]

考古学研究表明，直到汉武帝时期，中国南北地区各地所呈现出的文化面貌始趋向一致，形成了完整形态的汉文化。[②]据王大道对滇池地区墓葬出土青铜器的研究，西汉时期马饰和具有汉文化风格的器物迅速增加，出现了一些内地的输入品（铜镜、弩机等），地方民族特点突出的生活用具铜枕、伞盖等已经很少或不再出现；东汉时

① 姜亮夫．昭通方言疏证·上海：上海古籍出版社，1988年，1–2页．

② 滕铭予．秦文化：从封国到帝国的考古学观察．北京：学苑出版社，2002年，第4页．

期中原文化特征已占主要地位。他说：

出土的铜釜、甑、鐎斗、提梁壶等与昭通东汉砖石墓出土的基本相同，和贵州西汉末至东汉初期墓葬里的出土物也很相似。[①]

随着秦汉统一王朝的建立，汉文化迅速取代了列国文化，而曾经显赫一时的楚文化也以某种文化因素融入汉文化之中了。[②]但其中的民族文化个性并没有被完全磨灭。1989 年，在昭通市水富县张滩发掘了六座土坑墓，随葬的陶器、铜器与四川涪陵小田溪，成都昭化宝轮院船棺葬出土物十分相似，具有十分浓厚的巴文化因素，表明巴文化已深入到今云南水富境内。[③]

《汉书·地理志》谓："犍为、牂牁、越嶲皆西南外夷，武帝初开置，民俗略与巴蜀同"。这正是秦灭巴蜀后，蜀人南迁同当地各族杂居、融合的结果。汉代曾根据经济文化的异同，把

---

① 王大道．滇池地区青铜文化．见：云南青铜器论丛编辑组．云南青铜器论丛．北京：文物出版社，1981 年，第 78–81 页．

② 余静．从近年来三峡考古新发现看楚文化的西渐．江汉考古，2005 年第一期，总第 94 期．

③云南省昭通市文物管理所，云南省水富县文化馆．云南省昭通市水富县张滩土坑墓地试掘简报．四川文物，2010 年第 3 期．

全国划分为十三个区域，其中包括昭通在内的西南边郡与关中、巴、蜀等统称“秦地”。汉、晋时期称迁移到南中地区的蜀人后裔为“叟”。《华阳国志》谓：“夷人大种曰昆，小种曰叟。”叟人主要居住在越巂、建宁和朱提等郡。1936年在昭阳区洒渔乡古墓中出土了一枚“汉叟邑长”铜印，墓旁还有汉砖出土，应为东汉或蜀汉颁发给当地叟人酋长的印信。此外，传世的叟人印章还有“魏率善叟长”“晋归义叟王”等。[①]

“乌蛮”源于两汉时期西南夷中的昆明、叟，魏晋时已经作为一个主要族群活跃于南中。隋唐时期乌蛮势力日渐壮大，较强者有阿芋路、阿猛、夔山、卢鹿蛮、磨弥敛、暴蛮、勿邓等，各部虽有亲缘关系，但互不统属。另据《范成大佚著辑存》载，邛部川首领蒙备之妻是乌蒙部人。阿芋部分布于今云南昭通、鲁甸等地；阿孟部在今镇雄境内；夔山部在今大关、彝良境内；卢鹿部在今会泽、巧家、东川等地；磨弥敛部在今宣威；勿邓位于今四川凉山州从雅砻江至滇东北一线的广大

① 王有鹏．犍为巴蜀墓的发掘与蜀人的南迁．徐中舒主编．巴蜀考古论文集．北京：文物出版社，1987年，第44页．

地区。《乌蒙纪年》说："乌蛮七部落王子得盖为部落之一，姚州、乌蛮同种族，言语尤属一致，昔不解其声之何以类似乌蒙，今始恍然于其故矣。乌蛮即乌蒙，其部落占地千里。"南诏王室即为乌蛮族属，《新唐书·南蛮传》言："乌蛮与南诏世昏姻"。马长寿说：

阿芋路应即彝语"阿于甸"的译名，今东川安氏称"阿于甸"家。阿猛音近乌蒙，古代的乌蒙部在昭通。夔山部落在蒙夔岭……①

唐、宋时期，中原王朝与南诏、大理对峙，滇东北地区处于双方势力交错地带，各部落首领自相雄长，征战兼并，最终存乌蒙、芒部、东川、乌撒四部。其范围大致在今昭通、镇雄、会泽、威宁等地，其中乌蒙部最强，史载，"其人精悍善战斗，自马湖、南广诸族皆畏之。"《环宇通志》说，乌蒙府："古为闘敌甸，乌蒙乃其酋长之祖名，历代相承皆有其地。"《明一统志》载：

唐时乌蛮仲牟由之裔阿统者始迁于此，至十一世孙乌蒙始强，号乌蒙部。宋时封阿杓为乌蒙王。

① 马长寿．彝族古代史．上海：上海人民出版社，1987年，第76页．

元代以“马湖蛮”所属之地置马湖路总管府，以石门藩部为基础设乌撒乌蒙宣慰司。明、清时期昭通境域内的乌蒙、东川、芒部等府，仍以土官为主，直到雍正九年（1731 年）改土归流，废除土司制度之后，才改乌蒙为昭通。

### （三）海纳吞吐，交流融合——昭通民族文化走廊概览

昭通大地作为各民族融合交流的文化走廊，数千年间，氐羌、僰人、僚人、叟人、昆明、乌蛮、羿子等部落族群，以及蒙古族、维吾尔族、彝族、苗族、回族等少数民族你来我往，在穿越崇山峻岭的千年古道上，留下了他们沧桑激荡的历史足迹，如马湖江、马湖村、乌蒙山、蛮营沟、羿子村、仡佬河、刚彝村、干彝寨、彝人院子、白苗屋基、花苗寨、青苗地、回族营、端公寨、笔摩村等。众多的民族经过无数次的冲突、征服、同化、迁徙，有的在民族交流融合的大潮中历经兴衰更替延续至今；有的已消失得无影无踪了。

羿子，《新唐书·南蛮传》记为“夷子”，与金沙江流域的壮族关系密切。永善县至今尚有羿子村、羿子村渡口两处地名。元代已有羿人的

记载，明、清史籍中又作“鼻子”，“羿子”等。《云南通志》载：

羿子，一名沙兔，语多难晓。……与诸夷通婚，故又号仲家苗（昭通仲家人已归入布依族）。昭通府属有之。

今日禄劝县彝族仍称壮族为“沙兔濮”，据该县壮族老人讲，此地的潘家是从昭通巧家搬来的。“沙人”或“沙蛮”之称，最早见于元代。“世传此辈原籍粤之西东，元初入罗（平）充实地方，年远相沿，遂化为彝”。这表明他们在元代还有从广西、广东迁徙入云南的现象。[①]乾隆《毕节县志》中说：

羿人，杂处汉、夷间，男子薙发，女子加假发作为装饰，婚姻为姑表开亲，信鬼跳神的习俗与彝族相同。[②]

《古今图书集成》载，明正德十年（1515）土僚普法恶起义之事为“葛魁”。征诸史实，“葛魁”很可能是葛僚人头领居住的地方。葛僚人曾

① 张振声主编．壮族通史上册．北京：民族出版社，1997年，第578页．

② 毕节县地方志编纂委员会．毕节县志．贵阳：贵州人民出版社，1996年，第155页．

是昭通历史上一支有名的土著。西晋永嘉五年后，僚人大批北上。《水经·漾水注》曰：“李寿之时，獠自牂柯北入，所在诸郡，布满山谷。”《魏书·僚传》云：“与夏人参居者颇输租赋，在深山者仍不为编户”。僚人原居岭南，后来一部分沿柯水（红水河）上溯，三国蜀汉时，主要活动在南中地区。学界一般认为僚蛮是古代壮侗语族各部的统称。唐宋时期昭通境内僚人一支在南广溪洞（宜宾南部、昭通东北部），一支居于今金沙江沿岸，与仡佬族有密切的渊源关系。

《元和郡县志·剑南道》载，肃宗上元元年（760）“僚乱”，开边旧城一度荒废。北宋后期以来，泸、戎州一带的乌蛮僚人等，不少都融入汉族。南宋后期，为了对付蒙古军队的入侵，有意“结约诸蛮”，对西南各部施以怀柔，累加封赐，在政治上加强了与各羁縻部族的联系。宋元之际，葛僚已从僚中分化出来，称为仡佬。据《炎徼纪闻》载，仡佬有击齿及悬棺葬之风习。川南、滇东北的仡佬，又被称为土僚蛮，明清以后，汉化加剧，而分布在贵州境内的仡佬人则演变为今日之仡佬族。元人李京《云南志略》谓：

土僚蛮，叙州南乌蒙北皆是。男子及十四五，则左右击去两齿，然后婚娶……人死则以棺木盛之，置于千仞颠崖之上，以先坠者为吉。

有多部彝族指路经都说昭通是彝族“六祖分支”的圣地。另《西南彝志》载，彝族六祖分支后，与滇东、黔西的濮人发生了激烈的冲突，并最终占领了濮人的地盘。这一史实在昭通地名中亦留下了部分痕迹。如鲁甸县的普芝噜，彝语意为祖先或“濮”居住的地方；镇雄普司大地（普司，据说是“濮叟”的变音），也是指仡佬人居住的地方；昭阳区的“跑舞”则为仡佬族（即葛僚人）居住的低洼之地；永善普石屯是彝语地名濮叟的汉文转写，意为仡佬族居住的村子。

从史籍、文物和地名所提供的证据来看，彝族无疑是昭通最早的土著居民。《蛮书》所载“东爨乌蛮，邑落相望，牛马遍野。”正是彝族祖先生产、生活的真实写照。彝族先民以半牧、半农方式开发了乌蒙山区，对昭通历史发展做出了不可磨灭的功绩，至今全市还保存着大量彝族出土文物、地名和语言词汇。清朝时的豆沙关，据说是由守关彝族将领“豆勺”的名号演变而来。乾隆《镇雄州志》载：

绰纽山，距城五十里，夷语谓“青气”曰“绰纽”；

乌通山，在城东北二里，为州巨镇，七峰耸翠，魏然插云，如人翘首独立。夷谓“首”为“乌”“立”为“通”，故名。或曰“昭通”旧名“乌蒙”，陟巅展眺，依稀可通也；

托诺河，在城西二百五十里，下流入府境，夷谓“松”曰“托”“沙石”曰“诺”，以河畔有松树、沙石，故名。

镇雄彝语地名中，麻沙（军官住的地方）、熊朱寨、熊竹寨（官寨）、大擢魁、小擢魁、佐块等均为头目所居之地。木卓、鲁佐、茶卓、阿佐等地名，则是管马、牛、羊、猪的官吏所居住的地方。陇基寨，意为民家族（白族）住过的村寨；瓜乌，则是指蔡族（蔡家人）居住之地。《织金县志》说，有一部分从滇东北迁来的苗族，因与彝族芒部长期相处，故称彝族为“芒”。[①]

元、明、清以来，回族、苗族逐渐移居本地，

① 贵州省织金县地方志编纂委员会．织金县志．北京：方志出版社，1997年，第135页．

清改土归流后，汉族大量涌入，成为第一大民族。目前全市共有苗、彝、回、布、壮、白、土家等23个少数民族。少数民族绝对人口不多，居住分散，点多面广，交错杂居。其中苗、彝、回三个民族，大约各有20余万人，其余少数民族人口较少，全市一半左右的少数民族集中分布于七个县区的19个民族乡。

苗族从元代开始，陆续由湘西、贵州、四川等地迁入昭通，宏观上成分散状态，微观上又相互依存聚居成寨，此特点在昭通地名中也留下了深刻的烙印，全市各县区都有多处叫“苗寨”的地方。苗族居住的环境多是二半山或高寒山区，长期处于半农半牧，刀耕火种，捕猎为辅的生产方式，对开发山区、发展畜牧业也做出了独特的贡献。

大范围，长时期的不断迁徙，使苗族各部之间彼此隔绝，少于交往。由于各自所处环境不同，加之受周邻民族的影响也各异，导致支系繁杂、方言差别大、服饰类型多样的现象。历史文献中多以其服饰特征为区别，如“红苗”“白苗”“花苗”“黑苗”“青苗”等。新中国成立后根据苗族人民的意愿，以苗族为统一族名。昭通苗族主要集中分布于彝良、威信、镇雄、盐津、大关等县。

回族进入昭通历史较早。12世纪末13世纪初，成吉思汗建立蒙古汗国后，进行了持续半个世纪的西征，后回师中原，其军队中有一支由波斯人、阿拉伯人等中亚居民组成，这些军士后来“皆以中原为家，江南尤多”。故《明史·撒马尔传》有：“元时回回遍天下”之说。昭通回族先民主要是被编入“探马赤军”的中亚、西亚地区信仰伊斯兰教的各民族的士兵和工匠。至元十年（1273年），元世祖下令探马赤军“随地入社，与编民等”，大批回回军在社的编制下进行农垦，“上马则备战斗，下马则屯聚牧养”。元代已有维吾尔族和汉族士兵5000人，在乌蒙屯田。

明洪武十四年（1381年）傅友德、沐英率军征发云南时，实行卫所制，也有部分回族官兵驻扎昭通，开展“兵自为食”的军屯活动。但大多数回族的祖先是在清代雍正、乾隆年间，昭通实行改土归流时期由陕西、宁夏、河北、山东、四川等地进入云、贵再迁入滇东北地区的，多数集中于昭鲁坝区，另有部分进入会泽、巧家、东川等地。如回族将领哈元生率领的部队中，有许多回族官兵就驻守于云、贵、川边境，形成了今天昭阳区小龙洞回族彝族乡、青岗岭回族彝族乡、守望回族乡、布嘎回族乡，以及鲁甸茨院、桃源回族乡的基础。

**（四）文脉悠长，薪火相传——昭通非物质文化遗产**

1901年，在昭通白泥井发掘出被誉为“海内第一石”的孟孝琚碑。这是云南迄今出土的唯一一块汉碑。据碑文记述，孟孝琚12岁随父亲到武阳（属今四川）学《韩诗》《孝经》，博览群书，改名孟琁，字孝琚，先聘蜀郡何彦珍女，未婚而殁。碑文中还出现了“孔子大圣”的字样，说明当时中原文化已逐步深入到昭通境内。

《华阳国志》载，诸葛亮收“其俊杰建宁爨习、朱提孟琰及获（孟获）为官属，习至领军，琰辅汉将军，获御史中丞。”汉、晋时期实行的人才选举制度是由州、郡长官举荐“秀才”“孝廉”“贤良”等出任政府官职。随着郡县制的深入，察举制度也在南中得以推行。朱提因开发较早，文化发展居于云南领先地位。东晋学者常璩特别称赞说：“其民好学，滨犍为，号多士人，为宁州冠冕”。在昭通二十世纪六十年代发现的东晋霍承嗣壁画墓中，其“夷汉部曲”画像中的人物、铠马、戈矛、弓箭等，均为珍贵的资料；从壁画人物所显示的等级、尊卑关系，以及各种神话宗教图案，还可以窥见当时社会关系和意识形态的若干情形。

值得一提的是，在墓主像的左上角，有8行字体介于行楷之间的墨书铭记，对研究中国书法史上字体的演变亦有重要意义。中国文字的字体，正是在魏晋南北朝时期，才逐渐从汉隶演化为正楷、行书、草书，同时又保留部分汉隶痕迹的。过去书法界曾认为东晋书体并没有演进为成熟的楷书，有的学者进而怀疑王羲之行书《兰亭序》是赝品。1998发现的东晋《高崧墓志》与“高崧夫人谢氏墓志”，有不少字体楷意浓厚，有人认为这两方墓志书法为“楷变书”，为讨论传世《兰亭序》摹本真伪提供了新线索。其实，霍承嗣墓中的“八行书”，本身为墨迹，从流畅的笔法中可以很清楚地看出，其结体和用笔比《高崧墓志》更接近传世兰亭摹本，已经是标准的行书或行楷了，可惜地处“蛮荒”之地，不为学界所重！反之，从壁画墓中多处分别有隶、楷、行3种书体的题款，亦可证实，当时昭通并不闭塞，至少在行书风尚方面与王羲之领导的潮流是同步的。

元代，乌蒙城开始建文庙，办儒学，以蜀中学者为教师。《续文献通考》载，明初“西南诸夷芒部、乌蒙各土官，皆遣子入监（国子监）”。开乌蒙土司子弟入中原习儒学之先河。据《明太祖实录》：

二十三年（1390）……乌蒙、芒部军民府土官遣其子以作、捕驹等请入国子监读书，赐与衣钞。

虽然各土司遣子弟入国子监读书积极性颇高，但入学名额终究有限，故而仿内地府州县学之例，在土司新辖地区设儒学。洪武廿八年朱元璋谕礼部：“云南、四川边吏土官皆设儒学，选其子孙弟侄之俊秀者以教之，亦安边之道也”。《明史》载宣德八年：

设四川乌蒙军民府儒学，置教授一员，训导四员，选取土民俊秀子弟，入学读书，使通知礼义，俾得贤才备用。

弘治十六年（1503）规定：“以后土官应袭子弟，

悉令入学，渐染风化，以格顽冥，如不入学者，不准承袭。”

从明代中后期至清代康熙年间，儒学传播更为广泛，土府中都建有文庙，汉族文人主持祭祀孔子、办学校。清雍正八年建昭阳书院于八仙营。随着中原文化的深入，历朝统治者都力图通过办学校、兴儒学、开科举等办法，以教育变民风达到其巩固政治基础的目的。清朝在昭通开办的学校有昭通府学、恩安县学、镇雄州学、永善县学、昭通书院、凤池书院、大关景文书院等。

昭通自乾隆四十六年（1781）至光绪末年，百余年间共有柯成凤、辛联玮、黄坤等 16 人中进士（武进士 3 人），220 余人中举人（武举 90 余人），另有聂瑞熙、姜思孝、杨履谦、胡永康四人被举荐为孝廉方正。时至今日，仍有一些人的事迹和作品还在当地流传，成为地方历史文化的一个重要组成部分。此外，历任昭通知府、知县、总兵、参将、游击等，数百名官员中，亦有众多的进士或举人。他们之中亦有不少勤政爱民的清官廉吏，其为官一方，或兴修水利、劝课农桑，造福百姓，人去政声在；或除暴安良，崇文尚义，嘉言懿行长留天地间。杰出者，如乾隆二十五年（1760）修建望海楼的恩安县令沈生遴，《昭通志稿》记其事迹为：“兴修闸坝，讲求水利，又亲定蓄放条规，俾民遵行。昭通田亩之获水利，公之力为最多也。四乡均有碑，纪其政声。”嘉庆十三年（1808）陕西举人恩安知县王禹甸，“有侠气，访缉盗贼”，他主持开挖三多塘饮水工程，但即将完工之际却离任了。嘉庆十四年（1809），湖南举人欧阳道瀛继任知县，“廉洁自矢，不妄取民间一钱”，他不仅玉成此事，还写下了《三多塘碑记》。辛未年（1811 年）天大旱：“龙洞以支分细流，不能远达城沟，致城内两池俱竭。”三多塘的抗旱功能得以突显：

万家火食惟籍是以免涸鲋之伤，至今日而始悟此地之济我生灵者，不啻甘霖之大沛焉！（《三多塘碑记》）

后经多次扩建，三多塘已成为昭通的“游观之地”。甲午年（1894）知府龙文改“三多塘”为“城市山林”，建于水池上的戏台名“清光亭”，后演变为“清官亭”。史载，龙文有善政，“昭人感其德，建祠尸祝之”。昭通籍举人饶起孝曾撰联云：

者点水无多，一官已留清白去；

此间尘不染，何人更踏软红来。

道光年间，巧家同知犹自东下车伊始，便前往文庙拜谒，但其所见却是“栋宇低隘，半就倾圮”，于是捐出养廉银，倡导重修文庙，并增建武庙，他在《重修文庙碑记》中说：

以圣人古今纲常文教之所宗，国家定制，凡省郡州县，无远近，皆庙祀，重以春秋典礼，欲天下万世有所昉表而虔奉弗衰也。……从兹庙貌重辉，规模宏阔，骏奔祀事，群仰宗风，将见士气日扬，人文蔚起，风俗庞而礼让兴，蒸蒸乎有不可量之势矣。①

昭通清代地方文武官员中，有的积极倡导或主持府志、县志等文献的编修，发挥了重要作用，功不可没。如镇雄知州屠述濂等主编的《乾隆镇雄州志》，永善知县查枢主编《永善县志略》，滇东镇守使龙云倡导编纂《昭通志稿》并捐资400大洋，巧家知县汤祚主编《巧家县志稿》，

① 云南省巧家县志编纂委员会．巧家县志．昆明：云南人民出版社，1997年，第661页．

大关县长王心田主编《大关县志稿》等，为地方文化建设做出了杰出的贡献，留下了珍贵的历史资料。

春秋、战国时期，桑蚕已受到人们的高度重视，秦汉几百年间，桑麻遍于巴蜀各地。[①]扬雄《蜀王本纪》称："蜀之先，名蚕丛，教民蚕桑。"蚕从氏大概是上古时期善于养蚕的部族。《华阳国志·巴志》说：

武王既克殷，以其宗姬封于巴……土植五谷、牲具六畜、桑茧、麻紵、鱼盐、铜铁、丹漆、茶蜜、灵龟、巨犀、山鸡、白雉、黄润、鲜粉皆纳贡之。

四川成都自战国时代起，丝织业已初具规模，东汉时蜀锦更是驰名全国。《诸葛亮集》说："今民贫国虚，决敌之资，唯仰锦耳。"《华阳国志》说："云南郡，蜀建兴三年置，土地有稻田畜牧，但不蚕桑。"武侯南征，把织锦的方法传授给云贵地区的少数民族，苗族把自己织的五彩锦称为"武侯锦"，侗族妇女织的侗锦，又称"诸葛锦"。

诸葛亮在西南各民族中影响深远，大凡民族

① 孙先知．四川蚕茧生产的历史．四川丝绸，2003 年第 3 期，第 50–5 页．

服饰、建筑、习俗等的由来，多与传说中无所不能的“孔明”有关。诸葛亮南征，采取“攻心为上”的方针，恩威齐施，降服西南诸夷。此外，有部分蜀汉军士留驻当地，自然也把蜀地的桑蚕丝绸的培育和纺织技术带到了西南少数民族地区。天长日久，口耳相传，这些功劳都被记在蜀军统帅的名下了。此类传说，昭通亦有不少，如昭阳区诸葛碑、诸葛营，镇雄七星营、孔明坟（当年诸葛亮死后曾在此举行过悼念活动），巧家将军柱梁子（相传孔明驻军于此），永善桧溪百丈坡、八仗地，传说孔明在此打过仗；彝良龙安有两处天落山也是因孔明曾在此布下天罗地网的传说而得名。而镇雄的城墙沟、城墙坡等地名的传说，则是当地少数民族为抵御蜀汉官兵在此筑城防守而得名。《滇南志略·恩安县》载：

古迹则有八仙海石，在城东二十里海中，有岛，八石屹立如人，世传武侯南征，曾留记云“八仙倒，乌蒙了。”今果次第颠倒，改设流官[①]。

这显然也是民间出于对诸葛亮的崇拜之情而

① ［清］刘慰三撰．滇南志略．恩安县．建置志．见：方国瑜主编．云南史料丛刊（6卷）．昆明：云南大学出版社，2001，247-248.

附会的。因为诸葛亮南征时“乌蒙”连八字都还没有一撇，“八仙”也还未出生呢！

明末张献忠部孙可旺退居云南时，又把部分蜀锦工匠迁到云南，使蜀锦工艺再次为中原宋锦和云南少数民族织锦增添光彩。道光《云南通志》说：“曲靖、东川、昭通等府花苗……能织苗锦，常携竹筐入市贸易”。贵州威宁和云南昭通、楚雄一带的苗族织锦，都是以毛、麻为原料。①《云南物质文化·纺织卷》一书写道：

脚踏多锭纺车最早在东汉已经使用，二千多年来，脚踏多锭纺车基本保持了原来的形状，……今天苗族仍在使用的脚踏多锭纺车比较，发现它们竟如此相似。从半月形板、转轮、脚踏杆、机架、传动部分，乃至操作几乎完全一致。②

道光年间，知府黄士瀛重视农业的开发，“劝民种桑养蚕，教以取丝之法。又置丝车数十于府署，任民练习。行之数年，颇有成效。”光绪初年，由官绅会议，往四川购买桑秧万株，栽植于五谷

① 李廷贵等．苗族历史与文化北京：中央民族大学出版社，1996 年，第 239 页

② 罗钰，钟秋．云南物质文化·纺织卷．昆明：云南教育出版社．2000 年，第第 121–122 页．

庙一带，并设立蚕桑经管机构。光绪二十四年知府林绍年又向省要来桑树十万株,听民领取栽种。①

昭通历史悠久的传统农耕文化，是上下五千年中华各民族交流融合的宝贵遗产，是纵横一万里神州大地各区域文化碰撞整合的结晶。丰富多样的文化为昭通这块古老浑朴的大地写下了浓墨重彩的一笔。昭通区域文化，除了官方主导的上层文化之外，还有深厚的下层民俗文化。这就是各族人民世代相承的宗教信仰、节日庆典、生活礼俗、民间文学、音乐舞蹈、体育活动、百工技艺等。今日昭通汉、彝、苗、回等各族人民既承袭着各自古老的传统文化，也在与时俱进，不断创造崭新的文化。表现为多姿多彩的服饰，风味独特的饮食、热烈欢快的节日，令人称奇的技艺绝活等不一而足。

据统计，目前全市已有一项传统技艺——苗族芦笙制作技艺，列入国家级非物质文化遗产，省级 20 项，市级 37 项，评选出项目代表性传承人 58 名。其中省级项目有：昭通洞经音乐、唢呐

① 昭通旧志汇编编辑委员会·昭通旧志汇编（一）.昆明：云南人民出版社，2006 年，第 161 页.

锣鼓、彝族酒礼歌、金江号子、四筒鼓、苗族芦笙舞、苗族蜡染刺绣、苗族织锦蜡染、汉族端公戏、唱书、昭通清拳、石雕、昭通酱制作、马树红毡制作技艺、竹编竹雕技艺等；市级非物质文化遗产涉及民间文学、传统音乐、舞蹈戏剧、曲艺、体育、游艺与杂技、美术、民俗、技艺、医药等众多内容。这些优秀的传统遗产，正是让我们“记住乡愁”的文化基因，需要精心的呵护和努力传承。

（以上一至五（四）为傅奠基撰稿）

### （五）昭通文学现象

昭通文化底蕴深厚，文学根基久远。相传，最早的昭通人是商末周初的杜宇，他是一位杰出的农耕专家。杜宇与其爱妻梁利率族人沿朱提江大峡谷入川，在壁立千仞的豆沙关，开掘出著名的五尺道，把昭通当时先进的农耕文明带入古蜀国，深得蜀王和民众的信赖。蜀王去世后，民众拥戴杜宇为王，号称望帝。其后杜宇被奸臣鳖令篡位陷害而死。唐代诗人李商隐根据这个传说写了一首著名的悼亡诗《锦瑟》：

锦瑟无端五十弦，一弦一柱思华年。

庄生晓梦迷蝴蝶，望帝春心托杜鹃。

沧海月明珠有泪，蓝田日暖玉生烟。

此情可待成追忆，只是当时已惘然。

杜宇是一位多情的男人，他死后念念不忘的不是复辟王位，也不是报仇雪恨，而是他的爱妻梁利。杜鹃啼血这个典故说的就是这个美丽而凄婉的故事。而这个故事也就成为昭通最早的文学传说。

昭通文学现象的出现和发展，迄今大体上经历了三个阶段。

1. **第一阶段为奠基期**。

二十世纪八十年代中期，随着改革开放的不断推进，昭通文学开始出现勃兴的局面。在昭通专区文化局杨力的大力扶持下，昭通创办了一份文学季刊《千顷池》。《千顷池》的撰稿人主要有两部分：一部分是文化系统的文学爱好者，如蒋仲文、王显亲、夏天敏等；另一部分是昭通师专中文系的教师，如李骞、胡性能、杨昭等以及学生中大量的文学爱好者。当时在昭通师专校长李力的大力支持下，昭通师专中文系成立了两个文学社团：《野草》文学社和《荒原》文学社。这两个文学社团中的许多人，除积极为自己的刊物撰稿外，也踊跃的向《千顷池》投稿。他们中的许多人后来都成为著名作家。如孙世祥、雷平阳、张广生、汪天慧、樊中慰、周富强等等。与此同时，昭通师专中文系的许多教师，除积极指导学生创作外，还深入开展文学研究，如李骞的文学评论和诗歌研究，黄吉昌的《金瓶梅》研究，黄凤玲的《魏晋文学》研究，任继敏的《儿童文学创作》研究，王琼的《民间文学》研究、吴开友的《毛泽东诗词》研究、刘廉昌的《昭通文学》研究等，他们的研究成果都以专著面世，《千顷池》有了充足的稿源，越办越好，影响也越来越广，新人新作犹如雨后春笋般喷涌而出。当时昭通师专中文系主任周天忠曾以白居易的诗“乱花渐欲迷人眼”为题，在《千顷池》上发表文学评论对蓬勃兴起的昭通文学现象给以热情的肯定性评价。

**2. 第二阶段为高峰期**。

进入新世纪后，昭通作家和作品有如泉涌。据昭通市文联统计，全市十一个县（区）从事业余创作的人高达七千余人。当时昭通总人口约550万，这就意味着每800人中就有一个业余作者，除去老人和孩子外，每400人中就有一个业余作者。1998 年，人民日报首次报道了昭通文学现象。到 2001 年云南作家在全国大型期刊上发表的作品总量中，昭通作家占 73%。为了总结和推广昭通作家群的创作成就，2004 年 11 月 28 日至 12 月 1 日，中共云南省委宣传部、云南省文联、中共昭通市委、市政府在昭通市隆重召开了“云南省昭通作家创作研讨会”，全国著名作家、评论家贾平凹、陈建功、白桦、蒋子龙等莅临大会，他们一致盛赞昭通文学创作为云南文坛带来了新风与活力，2006 年 11 月，中国作家协会第七次全国代表大会在北京召开，“昭通作家群”与“宁夏青年作家群”“甘肃青年作家群”，“河南青年作家群”，一起被写入大会的主题报告。至此，昭通文学现象和昭通作家群被全国文学界正式认可。

为了给昭通作家营造良好的创作环境，中共昭通市委、市政府千方百计、多方筹资 1500 万元，于 2009 年在昭阳区凤凰山森林公园修建了昭通文学艺术创作中心，占地 13 亩，建筑面积 4530 平方米，中心设有创作楼，陈列馆和住宿楼。同时筹资 200 万元建立文学奖励基金。现陈列馆已初步收集并陈列昭通作家 185 人的 680 部作品，这些作品都是在省以上专业文学期刊和出版社发表的。其中许多作品荣获各种大奖。如夏天敏的中篇小说《好大一对羊》获鲁迅文学奖，雷平阳的诗集《云南记》获鲁迅文学奖，孙世祥的长篇小说《神史》获北京当代汉语言研究所2006年度当代汉语贡献奖，李骞的文学评论集《现象与文本》获第八届全国少数民族文学骏马奖。吕翼的长篇小说《土脉》，中篇小说《疼痛的龙头山》获云南省文学艺术创作奖，杨昭的《我是你大哥》获云南高黎贡山文学奖。此外，还有数十人荣获全国影响广泛的“五个一”工程奖、人民文学奖、当代文学奖、华文青年诗人奖、华文传媒文学大奖、金盾文学奖、梁斌文学奖、云南日报文学奖、边疆文学奖、昆明市政府“茶花杯”文学奖、滇池文学奖、百家文学奖等等，这些奖项都是昭通文学高峰期的可喜成果。

3. **第三阶段为平稳发展期**。

以2004年召开的“云南省昭通作家创作研讨会”为标志性转折，此后昭通文学创作进入了平稳发展期。其原因有三：一是中共昭通市委、市政府创建的昭通文学艺术创作中心，为昭通广大文学创作爱好者提供了一个良好的创作环境，只要提出申请，文学创作爱好者均可请创作假，到创作中心潜心创作。二是昭通学院面向全国举办各种文学创作研讨会和文学创作竞赛活动，如2016年昭通学院面向全国举办了以“野草文学奖”为题的文学创作邀请赛，收到来自全国各地的参赛作品1000多件，经专家评审，对优秀作者及作品给予奖励。三是昭通市文联不定期的面向全市十一个县区举办各种文学创作培训班、提高班、鉴赏班和文学笔会，极大地提高了全市业余文学创作者的文学素养和创作技能。据昭通市文联不完全统计，2004年以来，每年都有200余位昭通作家在省以上出版社和文学期刊发表作品300余件，多的年份达到500余件。昭通文学创作和发展的势头有增无减，这是昭通文学创作平稳发展的第一个特点。

昭通文学创作平稳发展的第二个特点是，关心和支持文学创作的界别不断扩大。例如：昭通市政协为了弘扬昭通优秀传统文化，组织全市专家学者提供选题，经过论证，决定编写一部近代昭通各界名人的传记文学。2007年由昭通纪实文学家邹长铭主笔，选取昭通各界人士中的罗炳辉、刘平楷、龙云、卢汉、张开儒、龚自知、曾泽生，潘朔端、姜亮夫、肖瑞麟、张希鲁、包鸣泉，谢饮涧、马冰清等37位名人，为他们的生平立传，为他们的业绩颂扬。此书定名为《咱们昭通人》，由云南人民出版社出版发行。

此外，昭通文学创作也引起了全市广大民营企业家的强烈关注。例如，2012年昭通市宏联实业有限责任公司董事长李大宏邀请昭通学院中文系退休教师周天忠、黄吉昌等一起商讨，决定选取一位昭通历史上的文学大师，出版他的作品，作为宏联公司的一张文化名片，在与外商接洽时，赠给外商，作为弘扬昭通优秀传统文化的礼品。商谈结果，决定将清末至民国中期昭通文化名人肖瑞麟的《榴花馆诗存》（十卷，收有古诗和五、七言律绝诗近2000首）和《乌蒙纪年》（四卷），以文白对照的方式，翻译成现代汉语，以方便今天的读者阅读和鉴赏。该书已于2012年出版，该书分为上、下两册，除部分留作公司名片外，其余一千余部全部赠送给昭通全市各级图书馆和大、中、小学图书馆。

昭通文学创作平稳发展的第三个特点是：编辑、整理、出版昭通前辈文学大师作品蔚然成风。2015年以来，由昭通市文化局牵头并出资，邀请市内专家编辑出版《昭通地方文献丛书》。当年即编辑出版了昭通乾隆时代的壬子经魁魏定一的诗词集《魏定一诗词钞》，该书共收入魏定一诗词数百首。同时还编辑出版了王文鹄先生（1901-1981）的诗词集《侣鸿吟草》，该书亦收入王文鹄先生诗词数百首。2016年又编辑出版了清代进士谢秀山的《红药山房诗草》（四集八卷），该书共收入谢秀山的古诗和五、七言律绝约1200余首。此后还将陆续编辑出版已故文学名家的名作。传统文学名作与当代文学名作相映生辉，共同撑起昭通文学的一片蓝天。

毋庸讳言，从二十世纪八十年代至今三十年间，昭通作家群取得的创作成就是可喜可贺的。但是，在当前和未来十年中，昭通作家群面临的挑战是什么？昭通作家群攻坚克难的领域何在？如何使昭通作家群的创作成果更上一层楼？这些问题不容回避，也无法回避。

文学创作是一项展示社会、展示人生、展示

人的心灵的艺术创造工程。他既有自身的规律可循，而这些规律又因人而异，因时代的发展变化而变化。因此，昭通作家群的创作如果仍然按照过去三十年的老路走下去而不寻求突破，那么昭通作家群及其创作成果就不可能在中国当代文学史上占有一席之地。俗话说，世上无难事，只怕有心人。有心于昭通文学创作的人，必须找准影响昭通文学创作的症结所在，才能对症下药，使昭通文学健康发展并有所突破。其实昭通文学圈内不少有识之士已经看到，经过前三十年的创作实践，昭通广大作家对于一般的小说，散文、诗歌、剧本和文学评论的创作规律已驾轻就熟，了然于心。唯独对于长篇小说的创作仍然是一个短板，在昭通作家群中，长篇小说的创作相对来说比较薄弱。在这个领域中目前最有成就的当推曾令云。迄今为止，他已在省以上出版社，包括中国作家出版社创作出版过十多部长篇小说。如上中下三部曲，长达一百多万字的《云兴街》等。这些作品内涵丰厚，可读性极强，但却与茅盾文学奖无缘。诚如前文所述，昭通作家群已经获得了包括鲁迅文学奖在内的数十项省级以上的文学大奖，而唯独没有获得过茅盾文学奖，而这也正是昭通作家群当前和未来十年的奋斗目标。茅盾文学奖是专门针对长篇小说创作设立的文学奖项。茅盾文学奖最具实力，也最有影响，它理所当然的成为昭通作家群的文学梦想，但愿昭通作家群能够早日实现这一宏伟而又艰巨的梦想！

**参考文献：**

［1］李骞《昭通作家群》探析

［2］昭通市文联《各艺术门类建国以来人才建设历程回顾》

（以上五（五）为周天忠撰稿）

# 六、史海钩沉

## （一）昭通先民的足迹

唐代以前的“朱提”，其中心地域在今天的昭鲁坝区。这里万山磅礴，河流纵横，山谷间隐藏着一串串的海迹盆地，在遥远的史前时代，已经留下各种动物及人类生存的印迹。

在昭通机场附近的水塘坝褐煤层内，考古学家经过十余年的持续探掘，发现了剑齿象、貘、犀牛、鸟类和大量的古象骨架化石，更具有震撼力的当然还要数一个古猿头骨化石，该古猿后来被俗称为昭通古猿，正式学名则是“禄丰古猿禄丰种相似种”。经中科院地质与地球物理研究所古地磁测定，昭通古猿的年代为距今620万～610万年间的晚中新世末期，是欧亚大陆最晚的中新世古猿遗存。此前的20世纪，中国云南先后发现了大量开远古猿、禄丰古猿、元谋古猿的化石，生存年代为距今 1200 万年以前至 700 万年之间。但令人不解的是，欧亚大陆其他地区的古猿痕迹却在 700 万年前奇怪地消失了。此次昭通古猿的惊现，使欧亚大陆古猿的生存年代一下拉到了 600 万年前！无论历史教科书是否最终因此改写，都可以肯定地说，这是一个举足轻重的考古发现。

中更新世晚期至晚更新世早期，今昭通境域即有早期智人生存繁衍。1982 年在昭通北闸过山洞出土的“昭通人”牙齿化石，为一老年个体左下第三臼齿，经社科院考古所鉴定，为距今 5—10 万年之间的早期智人牙化石，被列为国家一级文物，学术命名为“昭通人”。同时在过山洞还出土有哺乳动物化石东方象、中国犀、巨貘、牛、鹿等。

以昭通闸心场和鲁甸乐马厂为中心，包括巧家、大关、绥江一带，形成滇东北地区新石器文化。1956 年，云南省文物工作队在昭阳城北闸官寨，发掘出新石器文化遗址，南北宽约 400 米、东西长约 500 米，出土石器 4 件、夹砂红陶残片 300 余块，器形有陶鬲、陶碗、陶罐等。砂粒较粗，火候不高，厚薄不匀，个别陶片壁内有篾纹，系篾胎烧制，显示为新石器时代早期遗物。1954 年，另在鲁甸桃源乡马厂村发现大型新石器晚期遗址，面积 10 万平方米，采集到石刀、石斧、石锛等，磨制技术和钻孔技术精良；陶器以混质灰红陶和灰陶为主，器形有双耳罐，长颈、小口小底壶，盂、钵、碗、瓶，多附单耳。1985 年后，考古人员又在鲁甸桃源乡普芝噜村野石山面积约 1 平方公里的范围内，发掘了云南至今规模大、内涵丰富、文化厚重、保存较好的新石器时代大型村落遗址。遗址出土陶器有泥质褐罐、夹砂红陶、泥质磨光黑陶等，器形有鸟头形流嘴、敛口碗、陶壶、三耳陶罐、宽耳陶罐、纺轮等。石器有长方形、新月形石刀等。

昭通各地发现的新石器古遗址和器物，大都分布在河流附近的台地，它们前临河水，后面靠山，四周森林密布，水草丰茂，表现了新石器时代的古昭通人已逐步离开洞穴而居住在河边、坡地，过着半采集半渔猎的生活。

1986 年，考古人员在昭通洒渔营盘村，发掘出青铜时代古墓 205 座，范围分为甲、乙两区。

甲区出土青铜器有直援无胡戈、短体鸭嘴銎口矛、扁圆茎剑以及臂甲、削、带钩、扣饰、牌、镯等；乙区青铜器有“巴蜀式”圆筒矛、实体短茎剑等。甲区所出的器物，在工艺水平、数量、种类等各方面，都比乙区所出更为精致和丰富，说明乙区墓地的时代早于甲区墓地。发掘报告肯定乙区墓地为春秋时期，甲区墓地大约在战国至西汉早期之间。营盘村古墓地，位于朱提江上游洒渔河西岸约一公里的丘陵地上，沿江上下，正是连接滇蜀的黄金水道。大规模墓地的出土，说明当时应有大型部落在这里生活。而“巴蜀式”剑、矛的发现，可以推断这里的居民早在春秋战国时期就与巴蜀有着密切的交往，此地也曾是上通昆明、下达四川的商贾马帮歇息的重要驿站。正是这些先民的足迹，以及“南丝绸之路”要冲的位置，打开了通向昭通未来人文渊源之门的钥匙。

### （二）串起一部昭通史的五尺道

从古至今，道路始终是政治、经济、军事、文化的枢纽和命脉，一切社会进步，经济兴盛，文化交流等，几乎都与道路的发展密切相关，这在山高谷深的乌蒙山尤为突出。昭通地险，但却自古就与各种名目的交通古道紧密相连。

秦在稳定了对巴蜀的统治后，开始经营“西南夷”地区，首先从开道置吏入手。公元前250年，秦孝文王派李冰担任蜀郡太守。李冰开始从今四川宜宾沿横江修筑通往滇东北地区的道路。沿江山岩险峻难凿，李冰便采用积薪烧岩的方法。岩石经过火烧，质地变松，再浇以冷水，即可使岩石裂开，这是古代一种有效的凿岩方法。据常璩《华阳国志》记载，李冰积薪烧岩，坚硬的岩基上留下了赤、橙、黄、黑、紫的斑纹，以至于从上游朱提江顺流而下的鱼类，都被倒映于江水中五彩斑斓的岩影吓住，“至此而止”，不敢再往前一步。

公元前221年秦始皇统一全国后，为了进一步打通西南，便派遣常頞将李冰原来修筑的道路，从僰道继续向前延伸，经石门（今豆沙关）、朱提（昭通）到达今曲靖地区，全长二千余里。由于山高谷深，河川纵横，施工难度大，修成道路宽仅五尺，故史称“五尺道”。在开道中，僰道至朱提一段工程最为艰难，有的劈山斩棘，垫石铺木为路；有的在悬崖绝壁上凿孔安梁，铺上木板，成为半壁架空的栈道。当年修路的土著民族，就靠双手和简单的锤、锄、耙等工具，开辟了这条开发边疆、巩固国家统一的道路。

两千多年前的官商旅客，如果从成都、重庆出发，经彭山沿岷江而下，到乐山、宜宾，便可沿新筑的“五尺道”南行，经高县、筠连、向西折入横江河谷，再经豆沙关、昭鲁、曲靖到达滇池；随后再经大理、保山、腾冲、盈江，可入缅甸境内的八莫；最后再从八莫出发，分水陆二途，通往印度、中亚和欧洲。很久以来，人们习惯性地将这种路统称为“五尺道”或“蜀身毒道”，直到20世纪之后，才有了另一个同样显赫的大名——“西南丝绸之路”。

实际上，这条“西南丝绸之路”要比名声更大的兄弟——北方“丝绸之路”在时间上还早两百多年。直至今天，位于盐津的豆沙关石门仍保存长约350米、宽1.7米的五尺道，是迄今秦五尺道上保留最长、最完好、马蹄印迹最多（243个）的古驿道。此外，这条道路的名称也并非一以贯之地都叫“五尺道”。秦朝二世而亡后，通往云南的道路一度中断。直到汉武帝时期，才又另派唐蒙“凿石开阁，以通南中”，将五尺道加以整修扩展,形成经朱提到达滇池地区的官道,史称“南夷道”。此后的历朝中央政府,以及昭通大地上繁衍生息的人民,为了打破地理环境的束缚,实现追求生存、经济互惠、民族交流、心灵沟通的愿望,就持续不断地以无比的聪明才智和不畏艰险的精神,在峰峦接天、沟壑纵横、河谷幽深的崇山峻岭间筚路蓝缕,凿山开路,铺石建道,先后兴修了数条纵横昭通、贯穿云南与中原乃至通往东南亚的国内国际大通道,如石门道、乌蒙道、铜运古道、滇川东大道直至当代立体化的现代交通体系。

这些通道与红土地的历史有着太多的纠葛和牵连,当北方丝绸之路还在大漠孤烟、长河落日的惆怅中期盼时光的眷恋,等待上苍的叩问,连接巴蜀与东南亚的南方丝绸之路上的驼铃马蹄声就早已在乌蒙群山中回荡,送走了无数残阳落日,又迎来了多少朝霞晨光。当年杜宇披荆斩棘,溯江王蜀;秦王汉武挥师南下,开道置吏;汉碑铜器,流韵绵绵;诸葛南征,余迹尚存;此后唐书摩崖,宋封乌蒙,元明屯垦,清铜京运;近代翼王西走,护国北伐,红军长征,健儿抗日,走的都是这些崎岖险峻的古道。漫漫岁月，迢迢征途，驼铃声声，马鸣萧萧，大量的白银、铜锭、布匹、绸缎、棉纱、珠宝、玉石、瓷器、皮革、食盐、药材，正是通过这些如蛛网、似藤蔓，相互交织的漫漫古道，被运往异域他方。

可以毫不夸张地说，磅礴乌蒙山上的这些古道既是一条重要的经济走廊，也同样是五彩斑斓的历史文化走廊。在道路本身这个硬件之外，更伴随着相应的商贸往来、民族迁徙、民族融合、社会变迁、文化更新等等太多历史信息。古道就是昭通千年历史的活化石，拂去它表面的灰尘，重现它鲜活的面容，可以从中折射出一部部昭通经济史、民族迁徙史、民族融合史、社会史和文化史，而五尺道正是串连起这颗颗明珠的金线。

**（三）灿烂的朱提银铜文化**

昭通青山育翠，黑土藏金，是资源的“金三角”，其开发历史也非常悠久。随着古滇国的离奇消亡，以滇池为中心的滇文化发生断裂，云南文化的中心开始北移，朱提因其交通孔道的特殊地位而异军突起，成为早期云南文化的三大发祥地之一。《华阳国志》载：朱提“其民好学，滨犍为，号多士人，为宁州冠冕”，记录下当时朱提文化的盛世时光。它的另一个重要表现，便是闻名全国的朱提银铜文化。

汉代在西南大力开发矿产，云南冶铸业随之兴起，其中尤以朱提（今昭阳、鲁甸一带）银、堂狼（今东川、会泽、巧家一带）青铜冶铸业的发展为最快。汉时的朱提银矿，可能就是牛栏江边鲁甸县的乐马厂，开采究竟始于何时，载籍已经无考。《汉书·地理志》朱提县注：“山出银”；《续汉书·郡国志》也说：“朱提，山出银、铜。”可见最迟在西汉晚期，朱提已成为全国著名的大银矿却是不争的事实。王莽时改革币制，通用货币分金、银、龟、贝、钱五类，统称“宝货”。其中官定“银货二品”与钱币的比值，据《后汉书·食货志》载：“朱提银，重八两为一流，值一千五百八十；它银，一流值千。”唐代颜师古为之作注说：“朱提，县名，属犍为，出善银。”也就是说当时人们将银质货币分为两个等级，而昭通产的朱提银就是最高等级，没有之一。从中可见，“朱提银”被规定为全国通用货币，不仅是它的产量很高，足敷全国通货之用，更重要的是其质量之佳也驰名全国，因而价格为其他地区所产银的一倍半。

由于朱提银名气太大，“朱提”一词后来甚至成了白银的代名词，并成为一种文化现象。清高的文人墨客在其文学作品中，常以之代替难以启齿的“阿堵物”。唐宋八大家之一的韩愈，在《赠崔官立之》诗中有：“我有双饮盏，其银出朱提”。延至清代，蒲松龄《聊斋志异·宫梦弼》中另有这样一段描写：“女一日入舍中，及见断草丛丛，无隙地，渐入内室，坐埃尘中，暗觉有物堆积，蹴之连足，拾视兼见朱提。”

但由于过分开采，加之开采技术粗糙，到了三国诸葛亮的时代，朱提银的产量就渐渐萎缩。《后汉书·郡国传》犍为属国下注引《诸葛亮传》就提到：“汉嘉金，朱提银，采之不足以自食”。朱提银虽然仍与汉嘉金相提并论，但开采和冶炼已不足以供国用。天长日久，朱提银便慢慢淡出流通，成为一种“江湖”传说。

1935 年昭通刘家包包的“梁堆”曾出土银一块，重达 2 公斤以上。另一传世品称“朱提银块”，于光绪年间（1902 年）在洛阳白马寺出土，方形，有“提”“银”二字依稀可辨。清代端方《陶斋吉金录》图谱中载录时题为“汉朱提残砖”。后其几经辗转周折，1955年国家文化部从香港重金将其购回，交中国历史博物馆收藏，由于前所未有，当时定的级别很高，为一级品中的甲级，即绝品。只是后来这一银块的真实性却引发众多争议，还成为两汉白银研究中的一大历史悬案。

此外，朱提地区的铜矿开采也非常早。《南齐书·刘俊传》载：蒙城（今昭通境内）“有烧炉四所，高一丈，广一丈五尺”，可见其规模之大。在东汉时期，本区已成为全国青铜制造业的重要基地，产品以传世朱提、堂琅洗最具代表性。洗是一种盛水之器，类似于如今的洗脸盆，早在先秦时期即已使用，到东汉时因产于朱提、堂琅两地而得名，按一定规格成批生产，行销于全国各地，收藏也遍及南北，名重一时。朱提、堂琅铜洗上的纹饰工艺精巧，多采用双鱼纹和鱼鹭纹，线条流畅，栩栩如生，寓意“富贵有余”“吉庆有余”。其款识多为纪年及产地，如“朱提造”“堂狼造”字样。传世朱提、堂琅铜洗上的纪年始于东汉章帝建初元年（公元76年），止于灵帝建灵四年（公元171年），都是东汉中晚期的作品，表明这一个世纪的时间正是朱提青铜文化鼎盛发展的时期，这也与汉代朱提地区社会经济的繁荣密切相关。

东汉以后，朱提地区在冶金方面又有一个伟大的创造，那就是白铜的发明。白铜是铜镍合金，《华阳国志·南中志》说："堂琅县……出银铅白铜"；李时珍《本草纲目》卷八说："白铜出云南"。后白铜经波斯传入欧洲，称为"中国石"。法国的耶稣会教士杜霍尔德在其1735年出版的《中华帝国全志》中写道："最特出的铜是白铜，其色泽和银一样，只有中国才有，也只见于云南省。"在重利鼓惑下，欧洲多方研制，直到公元1751年才提炼成功。可见镍和铜镍合金的发现是云南对世界文化做出的重大贡献，朱提文化也在世界文化史上争得了一席之地。

**（四）夷帅大姓间的战争与和平**

1963年在昭通后海子出土的霍承嗣招魂墓，是云南迄今发现的唯一有确切纪年的东晋壁画墓室，也是云南迄今为止考古发现的唯一古代壁画墓。墓主霍彪，字承嗣，先祖为荆州枝江人，其曾祖霍峻随刘备入蜀，曾任梓潼太守。霍峻之后，霍弋、霍在、霍彪祖孙几代皆汉晋显官，是朱提大姓中最为显赫的家族之一。霍氏祖籍有“招魂”之风，霍氏虽迁居朱提数代，仍保留此习俗。该墓建于东晋孝武帝太元十年至十九年（385～394）间，四壁描绘上下两层彩色壁画。墓室东壁下层绘有14名持幡武士，西壁下层绘霍家汉彝“部曲”40人，分列三排。霍承嗣曾任郡太守、州刺史、南夷校尉等官职，死后力图保持相应的等级、尊卑关系，并配以各种神话宗教图案，真实还原了墓主人生前安富尊荣的“大姓”生活情景。

所谓“大姓”，其实就是魏晋时期中原门阀世族的地方版。东晋南北朝时期，中原战乱频繁，中央政府在南中的统治开始衰落，迁居到云南的中原汉族有地位者，乘机崛起为“南中大姓”。其中，朱提大姓就有孟、霍、朱、李、雷、仇、递、高等。这些大姓多是汉代设立郡县以来，以游宦、驻军、谪徙、商贾等各种方式来到昭通的。他们到昭通后，不仅与当地少数民族首领“夷帅”“叟邑长”保持千丝万缕的关系，而且还彼此通婚，建立“遑耶”或“百世遑耶”的姻亲关系，在当地的政治、经济势力也就不断扩大，每家都如霍氏一样，拥有大量的夷汉部曲（平时耕田，战时编成作战武装）为己所用。

南中大姓们居则为世家大族，出则为官府大吏，掌控地方一切事务。各个大姓之间，为了争夺对南中地区的实际统治权，动辄相互攻杀和兼并。三世纪末年，建宁太守（治曲靖）杜俊和朱提太守（治昭通）雍约贪赃腐败，杜俊夺取大姓毛诜和李睿的部曲，还把毛诜的弟弟治罪。另一朱提大姓太中大夫李猛，为人极有才干，其弟身为功曹（州郡吏员），本有被推荐为孝廉的资格，奈何太守杜俊和雍约收受贿赂，另外推荐了都尉雷逢的儿子雷炤，对李猛兄弟则不加置问。这些明显不公的处理，迅速激化了地方大姓与晋政权之间的矛盾。遭到打压的一方，联合起数万之众进行反抗。302 年，毛诜、李睿驱逐了杜俊，朱提李猛也撵走了雍约。李猛在声讨雍约等人的檄文中说："昔鲁侯失道，季氏出之"，直接把反抗斗争上升到针对杜俊、雍约背后的西晋当局。

当时的西晋王朝在经历八王之乱后，早已显露乱象，并随后很快倾亡，留下皇族一支流落南方，建立东晋。而这时的西南地区，正当李特、李雄兄弟率领氐叟流民在四川举行起义，随后也建立了“成汉”政权。南中国“天有二日”，也让南中大姓们根据各自的需要，选择站不同的队。李猛等联合李雄政权攻击晋朝，将其视为刘备诸葛亮蜀汉事业的延续；而晋王朝的南夷校尉李毅则一面派兵支援与李雄作战的益州刺史罗尚，一面亲自率兵镇压南中的反晋大姓，先后诱杀了毛诜、李猛。剩下李睿投奔其儿女亲家五茶夷帅于陵承。于陵承出面请求李毅宽恕李睿之罪，李毅应允；但当李睿返回后，仍然被杀。此举激怒了于陵承及毛诜、李猛的儿女亲家，他们联合起兵，攻占郡县，斩杀官吏，占领了南中的大部分地区。南中连年战乱，粮食已尽，人们只能吃草根和鼠肉维持生命，因饥荒和瘟疫死者前后以10万计。

到公元322年时，东晋王朝的宁州刺史仅能控制朱提郡和建宁郡的部分地区。随后，李雄从成都派李寿攻朱提。333年，防守朱提的晋将董炳、霍彪、爨琛出降。李雄大赦天下，南中暂时恢复了安宁。经过前一轮的混战，南中大姓只剩下了霍、孟、爨三家，但彼此之间的战争却并未结束。339年夏战火再起，结果身为大姓的建宁太守孟彦，率领州民绑缚宁州刺史霍彪，送给东晋，举郡归降晋朝。成汉李寿又派兵进入南中，征讨孟彦。次年，孟彦等人皆战死。

孟、霍两大姓的火并，以两败俱伤一蹶不振而结束，使爨氏成为笑到最后的一家。从此，南中地区进入长达四百多年的爨氏割据时期。

## （五）宋代乌蒙部的崛起与乌蒙王的册封

由于魏晋南朝长时期的战乱，原居于朱提的汉民、僰人纷纷向滇中、滇西迁徙，曾经号称“宁州冠冕”的朱提逐渐颓败。到了唐代，曾经被中原移民挤压生存空间而被迫“分布山谷间”的彝族先祖——“仲牟由之裔”，就慢慢成为乌蒙大地的真正主人。公元 794 年，袁滋册封南诏，沿旧五尺道一路行来，途经今昭通市所属的水富、盐津、大关、昭阳、鲁甸等区县，所看到的当地乌蛮居民形象，便是“男则发髻，女则散发，见人无礼节跪拜，三译四译乃与华通”的场景。

《新唐书·南蛮经》说：“乌蛮与南诏世婚姻，其中分七部落，一曰阿芋路，居曲州，靖州故地；二曰阿孟；三曰夔山；四曰暴蛮；五曰卢鹿蛮，二部落分保竹子岭；六曰磨弥敛；七曰勿邓。土多牛马，无布帛，男子髻髻，女子披发，皆衣牛羊皮，俗尚巫鬼，无拜跪之节。其语两译乃中国通，大部落有大鬼主，百家则置小鬼主。”再据《云南志》（《蛮书》）所载各大部落的地域状况，阿芋路部落在今昭阳区境内；阿孟（阿猛）部落在今昭阳区、镇雄至彝良一带；夔山部在今彝良、昭通、威宁之间；卢鹿蛮部落在今巧家、会泽、东川一带；暴蛮在今威宁至黔西、大方、织金一带；磨弥敛部落在今宣威境内；勿邓部落在今四川凉山一带。

唐德宗贞元年间，唐政府为了重新打通与南诏的联系，在秦“五尺道”、汉晋“南夷道”基础上，再度修治了“石门道”。石门道从戎州（宜宾）经邓枕山、马鞍渡、阿芋部、蒙夔山、夔山部、蒙夔岭、曲州、鲁望、界红山、竹子岭、磨弥敛等到拓东（昆明），最后至南诏的大理。实际上，已经日薄西山的唐王朝并无能力打理经营，这条交通沿线地区，仍然是乌蛮各部的势力范围。到了宋末，上述诸部又演变为乌撒部、乌蒙部、芒部、阿头部、易溪部、易娘部、阿晟部、閟畔部。

“乌蒙”之名，出现于《宋史》仁宗之世。

乌蒙原为部落首领之名，为唐代阿统的第十一世孙。他兼并周围一些小部落，统治了今昭阳、鲁甸、大关、盐津、威宁西北等地。《西南彝志》“叙乌蒙”记载：“你洛乌蒙家，在德歹濮卧……得六祖庇佑，荣禄有好根，弥漫于天下，治理的威荣，如大树参天，中央和四方，拓地盘很宽，百姓和奴仆如鸟不离树，都沾了光彩。”“外人多传说：‘你德歹濮卧，修建起金城，闪青红光辉。大小的宫室，像武家式样，有笃慕福禄，显笃慕威荣，像天宫那样，精美而壮丽’”；“掌权发号令，如青鹰号叫，如雷震山风，女者张华盖，一呼百耳闻，万目同仰望，恒管的德歹，有如此威荣。”全文将乌蒙部在一定时期势力的强大，渲染得淋漓尽致，今天的乌蒙山即因乌蒙部而得名。

另据《明一统志》记载：“唐时，乌蛮仲牟由之裔曰阿统者，始迁于此。至十一世孙，乌蒙强盛，号乌蒙部。宋时，封阿杓为王。”阿杓封乌蒙王一事，《明史·四川土司传》《蜀中广记》均有记载，民国《昭通县志稿》《盐津县志》也曾转抄备录。从这些文献来看，对阿杓封乌蒙王一事似乎没有什么歧义，但关于阿杓的身世，却无史实可考；对阿杓是否为阿统、仲牟由的后人，学界也存有疑问。

盐津普洱夷都山，旧志记为“夷渡山”，风物幽雅，人文荟萃，《盐津县志》载：此地“相传为夷人都城”。据传阿杓于宋朝熙宁年间封乌蒙王，卒葬于夷都山的石马埂，这里至今保存有宋代乌蒙王阿杓墓（疑冢）。但据当地《罗氏家谱》载：“始祖罗公讳星，字杓，太府君自江西入籍平叛，以从征有功，遂封为乌蒙王。后卒，葬于座宅后边，有坟茔镌碑为记。”由此来看，“乌蒙王”阿杓原名罗星，是江西吉安人，宋代才入籍滇南为乌蒙帅。之所以封乌蒙王，是因为参加讨泸（州）夷有功。说明封为“乌蒙王”的阿杓，不过是一个“夷化”了的汉人！？真相究竟如何，历史却至今选择了沉默！

## （六）元明两代的乌蒙屯垦和驿站

公元 1253 年，忽必烈“革囊”渡江，进军大理，大理国王段兴智逃到滇池地区，忽必烈北还，留兀良合台镇守云南。公元 1254 年，兀良合台受命打通与四川蒙古军会师的通道，率兵征乌蒙。据《元史·爱鲁传》所说：1276 年，乌蒙各部陆续降伏，蒙古军先后在此设置乌蒙路和乌撒乌蒙宣慰司，管辖今昭通、威宁等地，隶属云南行省。乌蒙地区自天宝以来中断550多年建制后，揭开了昭通历史新的一页。

元代对乌蒙的开发，主要表现为屯田（发展农业生产）与置驿。《元史·兵志·屯田》记载：“仁宗延祐三年（公元1316年），立乌蒙军屯。先是，云南省臣言，乌蒙乃云南咽喉之地，别无屯戍军马。其地广阔，土脉膏腴，皆有古昔屯田之迹，乞发畏吾儿及新附汉军屯田镇遏，至是从之。为户军五千人，为田1250顷。”又《元史·仁宗本纪》亦载：“延祐三年十月，调四川军2000人，云南军3000人，乌蒙等处屯田，置总管万户府，秩正三品，设官四员，隶云南。”此外，《滇志》中还有云南行省平章政事默古斯在乌蒙“增兵五千，给总管银印”，以“提调屯田”的文字。

上文中提及的“畏吾儿”，是蒙古治下的西域色目人，他们被元朝政府征发到云南戍守屯垦。回民迁入昭通，正始于此。至于文中所提及的“新附军”，则是南宋王朝崩溃后，巴蜀地区投降元朝的汉族士兵。他们到滇东北屯垦，为本地提供了大量人力资源和先进农耕技术。元王朝在今天云南的昆明、大理、建水等地都开展屯垦，但比较起来，还是以在昭通的规模为最大。一则，云南全省只有在昭通才设置了级别为正三品的“乌蒙屯田总管府”，颁发银印，总揽屯田工作的进行；二则，乌蒙军屯的规模达125000亩，相当于当时云南全省屯田数的1／3强，超过中庆（今昆明）等地。从以上文献中我们可以看出，元代对处于咽喉要道上的乌蒙屯田，发展农业生产，是相当重视的。当时昭通以北、宜宾以南河谷坝区的稻作农业，在经历东晋以来战乱后，有了相当程度的恢复和发展。另据《元史·食货志》所说，当时“产金之所在……有乌撒、东川、乌蒙”，说明除了屯田之外，昭通矿业也有所开发。

元朝在昭通的另一要务，便是发展交通，设置驿站。史籍记载元朝的乌蒙道，就是从秦五尺道、汉南夷道、唐宋石门道发展而来，为水陆两栖。如果从中庆（今昆明）出发到叙州（今宜宾），据《经世大典·站赤》的排列，需要途经杨林、寻甸、曲靖马龙、沾溢、东川、宣威、昭阳、盐津老鸦滩等共十四站，与《马可波罗行纪》中的行程大体相符。昭通所在的金沙江流域，是藏彝走廊的主体区域，又是蒙元经营云南的必经要道，维护驿路的畅达，有利于边疆的稳定。

元朝在滇东北的屯田与置驿，标志着中央王朝对滇东北地方的大规模渗入，必然严重威胁到当地土司的统治。文宗至顺元年（公元 1330 年），乌蒙土官禄余，就袭杀乌撒乌蒙宣慰司官吏，带动芒部、东川、建昌等诸蛮部并叛响应。在滇东北高原上，再次掀起大规模战乱，屯田受到阻挠。公元 1332 年，禄余等始降。公元 1335 年（元惠宗至元元年），乌撒乌蒙改隶四川。因距四川政治中心成都较远，行政统治鞭长莫及，屯田便被逐渐废弃，乌蒙依然成了土官统治的区域。

延至明代，不下三四百万来自今江苏、浙江、湖南、湖北等省的移民，迁徙到云南的平坝和城市，迫使土著移住山区或半山区。明政府将这些移民分别归类为军屯（驻军名称叫卫、所、营、哨）、商屯（商人招募内地农民到云南的屯田）、民屯（内地农民的屯垦）。今天，乌蒙地区留下的不少地名，如镇雄的中屯乡、头屯、稍屯等，就是当年屯田的历史“脚印”。

此外，元、明两朝还十分重视土司子弟和土民学习汉文化。元代，乌蒙城开始建文庙，办儒学。明代洪武年间，乌蒙、芒部土官送其子弟入国子监读书，这是乌蒙地区首批入中央最高学府学习的人。他们在学习期间，“观光上国”，受中原文化熏陶，扩大了眼界。明政府还在乌蒙军民府设儒学，“置教授一员，训导四员，选取土民俊秀子弟，入学读书，使通知礼义，俾得贤才备用。”

主观上看，元明两代的移民屯田，主要是为了解决当地驻军的粮草问题。不过由于这些移民都是来自中原省份，四面八方的生产技术、籽种和人才都汇聚到了乌蒙，对乌蒙地区的开发是空前的，极大地促进了乌蒙山区以畜牧为主的经济逐渐转变为以农业定居为主的生产格局。在生产和生活中，各族移民与乌蒙土著民族杂居相处，不少人与当地民族通婚，产生了“汉变夷，夷变汉”的民族融合。如果今天身边的某个昭通人，说自己家祖籍江西、湖广或者南京柳树湾，或许都并非无稽之谈，它同样是昭通当年屯垦历史的自然延伸。

## （七）血与火的改土归流

清初对昭通地区的统治，沿袭了元、明以来的土司制度，以彝族各部的首领世袭担任当地的文武土官。其中文职有土知府、土知州、土知县，武职则有宣慰司、宣抚司、安抚司、招讨司、长官司等各级长官。土司制度在一定历史时期的存在有其合理性，它适应了边疆地区交通不便、民族语言习俗各异，部族间各为君长、不相统辖，中央政权对其剿抚难平的具体情况，在较长一段时期内曾经有效地维系了中央与地方的权力平衡。

但随着中央权力的日益深入，这一制度就越来越与国家大一统相冲突，土司制度的弊端也难以为中央政权继续容忍。魏源《圣武记·雍正西南改流记》记载："乌蒙土官，其钱粮（指土官上交给朝廷的赋税）不过三百余两，而取于下者百倍。一年四小派，三年一大派；小派计钱，大派计两。土司一娶子妇，则土民三载不敢婚；土民有罪被杀，其家属尚出垫刀钱数十金"。土司对属下农奴可以任意"取其马牛，夺其子女，生杀任情"，而民众在"受其鱼肉"之余，只能敢怒而不敢言，且"终身无见天日之期"。此外，土司间动辄冤家仇杀，“无事则互起争端，有事则相为救援，据地称雄，时起战乱”，也严重影响了地方的稳定。从这幅对土司的血泪控诉图可见，土司之间，土司与汉人之间，土司与土民之间，土司与朝廷之间的矛盾相互交织，土司作为落后的生产形式和地方割据势力的代表，日益成为焦点，滇东北改土归流已是大势所趋。

大规模的改土归流，最难在云南；云南改土归流，最难又在昭通。元明两代的中央王朝，都曾经在乌蒙、芒部劳师靡费，大动过干戈，但最后又都无功而返。在历代统治者眼中，乌蒙土司“骄悍凶顽，素称难治，不惟东川被其杀虏，凡黔滇蜀接壤之处，莫不受其荼毒，而且产富田肥，负固已久，若不早图，终为后患”。雍正继位后，鄂尔泰空降云南，再次着手改土归流。

鄂尔泰最初谨慎提出改流之法，以“计擒为上，兵剿次之”，“恩威并济，剿抚兼施”，颇类似于诸葛武侯当年的“攻心之策”，开始时确也显露一定的效果。在鲁甸把守南大门的禄鼎坤父子，主动开城献土；而乌蒙土府禄万钟、镇雄土府陇庆侯则奔赴四川缴印，随后分别被发配到江西、江南安置。雍正五年（1727）闰三月，乌蒙、镇雄两府正式划归云南管辖。

但遗憾的是，鄂尔泰注定不是诸葛亮，改土归流也没有成为第二次七擒孟获。在乌蒙、镇雄初步归服后，鄂尔泰用人失当；加之从上到下的官员们，对于彝人彝情又都怀有根深蒂固的排斥，种种原因纠集，终于激起反复变乱。米贴事件和乌蒙事件，就是其中比较典型的例子。

米贴事件，起因于新任米贴土目禄永孝，在兄长去世后按彝族转房习俗，娶嫂嫂为妻。此举被鄂尔泰以“兄亡收嫂”的罪名，拟收监问斩，并于1728年派副将郭寿域率兵五百去逮捕禄永孝的妻子禄氏。禄氏亦非等闲妇女，她家与周边雷波、沙马、吞都等地头目世为姻亲，相约武力对抗，夜袭清军大营。结果，郭寿域及士兵几乎全部被杀，仅余一人逃到昆明报告。鄂尔泰震怒，大举报复，对米贴民众实行连坐法，肆意屠杀：“在者杀，去者杀，妇女小孩也杀，小有姿首之女子不杀”；汉人娶彝妇为妻而又生有小孩者，其夫又“必以汉奸杀”。杀人的名目骇人听闻，包括凿颅、批面、剁手、截足、划腹、抽肠、活绋、升竿等等。

许多躲进深山的彝民，原本准备出来自首，听说种种惨状之后，知道已无生路，只好自坠山崖而死。结果数千具尸体“血肉淋漓，挂于树石间者，亘五十里不止。”连续数天，计 3 万多人被杀，剩余彝人逃亡一空，米贴从而改名为“永善”。

1730 年，乌蒙烽烟再起，对彝人的残酷清洗又重演一遍，以致旧城尽毁，不得不择地重建新城。为了图个口彩，“乌蒙”之名经鄂总督之手，从此改为了“昭通”。至此，历时 5 年、经大小数十战的昭通改土归流，才算是基本结束。

**（八）昭通城不是一天建成的**

明嘉靖年间，曾在昭通置乌蒙军民府，并建土城于天梯（今旧圃镇土城村），遗址虽依稀可见，但具体情形已因雍正九年的兵燹毁坏而无法细考。战乱平息后，总督鄂尔泰上奏称：乌蒙者，乌暗蒙蔽之谓也，“不昭不通之甚者”，奏请“举前之乌暗者，易而昭明；前之蒙蔽者，易而宣通”。雍正上谕：改乌蒙府为昭通府，设附郭恩安县。

1732 年，鄂尔泰会同云南巡抚张允随奏请拨款，并委任昭通知府徐德裕主持、广南知府陈克复协办，修建昭通府新城。

城工未动，风水先行。地形、地势、风向、水源等一切布置，都需要预先规划。于是，从晋宁请来了两位熟谙风水的先生作顾问，为新城选址出力。经二人一番考察，最后选定“于龙山之阳二木那”修筑新城。“龙山”，即龙洞一带山脉，旧称“九龙山”，相传为昭通城的镇山；“二木那”即今昭阳区古城所在地。新址选定，便按朝廷批准的规划方案实施。大的项目有城池、衙署、街巷、水源、附城路桥等等。

城池工程进展很快，“不遑逾年”，已基本完固。新城池呈不规则椭圆形，南北稍长，东西略短，城池面积0.23平方公里。周围有城墙，周长2781.4米，平均厚4米。内侧墙高3.5米，用条石砌成；外侧墙高3.9米，墙脚用条石砌，墙身用大砖砌成，砖厚5寸；内外墙间填土夯实。城墙上筑有1245个城垛，垛座高0.7米，垛口高0.9米。城东、南、西、北方各有一座城门，上面建有城楼，东西南北四门经鄂总督亲撰《昭通四门记》命名，引经据典，分别为“抚镇门”“济川门”“敉宁门”“趣马门”。四门各建一座券洞炮台，城墙上共建有6座炮楼。城东、南、西三面城墙脚下开凿护城河，宽、深各 3.33 米。年长日久，城墙常有倒塌，难免经常修补改造。比如同治七年（1868），就重修西北和西南城墙；光绪二十年（1894），重修东北城墙。抗战军兴，日机曾两次空袭昭通。1940 年前后，为防空疏散之便，新开三道城门，即小南门、小西门、小北门，于是整个城池就有七门之多。新开三门未设城楼，小西门之门楣石镌刻有“朱提古县”四字。

与城池同步建设的，还有办公的衙署。当时的昭通，“文则有府，统乎五属；武则有镇，辖乎六营”，是滇东北衙门最集中的地方。所以在建城之初，便对府、镇、县、游四署优先规划，衙门选址均在“地势宏敞”之处，结构也尽显高大。例如最高军事长官的镇署，首任总兵徐成贞在雍正九年造城之前，就预选今辕门口所在地的城内中心最高点，作为自己的总兵衙门，主要建筑有辕门、大堂、箭道、花厅及紫云亭、来鹤楼等楼亭、水池、湖石、花园等，居高临下，虎视四方。知府衙门，在济川门内宁尔街（今毛货街所在处），头门、仪门坐东向西，以内各厅均坐北向南。主要建筑有头门三楹、仪门三楹、大堂五楹、社祠三楹、东书房八间、花厅五间、西书房五间，廊房、府仓、马厩等数十间。恩安县衙门，在今天崇义街昭通宾馆处，主要建筑有头门、仪门、大堂、二堂、书房、内宅、射圃等。

国家祭典有什么意义，今天的人们已经无法理解。但在传统中国，有所谓“国之大事，在祀与戎”的说法。另一方面，祭祀孔子的文庙，旁边往往还会配置考试的贡院与子弟学习的书院等多种职能机构。因而其重要性，丝毫不亚于衙门。昭通最早的书院是昭通镇总兵徐成贞于雍正九年（1731 年）开办的昭阳书院。院址在城郊八仙营。为了巩固改土归流的成果，徐成贞在昭阳书院碑记中特别强调开办书院在治乱化俗方面的政治意义：“盖去其椎髻，易以衣冠；去其巢窟，易以室庐；去其戈矛，易以揖让；去其剽掠，易以讴吟。”乾隆四十九年（1784 年）昭阳书院迁至城内文庙，并更名“凤池”，故迹即今昭通老实验中学内。

再说街道。雍正十年首批规划建设的街道，包括南北向的福禄街（今朝阳街）、怀远街，东西向的文渊街、永固街，4 条街构成一个“口”字形。街道宽 4 米，无人行道，砂土路面。以后就按这

4 条街的规格，不断向东西或南北延伸续建，初步形成城区大升街、丰乐街、源泉街、日升街、宁尔街、金汤街、集贤街等街巷 36 条，纵横交错，闾里井然。

有人居住，便须有饮水之处。建城后，居民凿井取水饮用。城内水井有南门井、街头井、龙王井、北门井，还有二道池、四道池、五道池、利济池。乾隆二十八年（1763），扩建利济池，用条石镶砌。池深 2.33 米，周长 129.33 米，面积 641.2 平方米，可容水 1490 立方，更名“下水塘”（位于北顺城原服务大楼处）。乾隆三十八年（1773），在川主庙前城脚下（今北顺城街北头）建上水塘（又名头堰池），用条石镶砌，周长 112.17 米，面积 1735 平方米，深 2 米，可容水 3470 立方米。嘉庆十三年（1808），在城西北利济河修拦河坝名“官坝”，开凿水沟名“官沟”，在西北角挖水池名“三多塘”。从此，龙洞水经利济河沿官沟流入三多塘、上水塘、下水塘，供城内居民汲饮。民国初年，人们又在东门外小河边修东门大井（原东城派出所处），南门外菜园地内修南门大井，供城东、南居民饮用。城西居民则在利济河内淘取砂井水。

民国后的 1942 年，因此前官坝被洪水冲坏，市民捐款另筑大龙洞至八角亭的引水明沟。沟道用石头和砂灰砌成，沟边种桑树，同时修建引水渡槽（25 孔桥）和八角亭水池。1943 年完工后，龙洞水改经 25 孔桥渡槽流入八角亭水池、上水塘、下水塘，原三多塘则改建为清官亭公园。

昭通府建城正赶上滇铜京运的好机遇。当其时，清廷为保证铸币原料并维持市面稳定，对昭通、东川的银铜开发采取了一系列极为宽松的政策，银铜业鼎盛一时，外运京铜也极大地推动了昭通水陆交通、集镇建设，使昭通成为滇川黔毗邻地区最为繁华的工商业城市，“商旅辐辏，皆悦而藏于市”。乾隆年间，全国各地来昭通从事矿产开采和进行商贸的商人前赴后继。这些旅居昭通的各乡人士，利用乡土情谊在城内纷纷修建同乡会馆，昭通古城一度成为远近闻名的“会馆之都”。先后建成的川主庙（四川会馆）、陕西庙（西安会馆）、雷神庙（江西会馆）、妈祖庙（福建会馆）、黑神庙（贵州会馆）等数十个规模宏大的会馆，在昭通古城形成了丰富的清代中国古建筑群落，也是解读昭通清代商业发展史最好的教材。如建于乾隆二十四年（1759 年）永安街的陕西庙，占地面积约 2800 平方米，整个建筑采用中原建筑风格，造型秀雅，布局气势宏大，对应中国传统建筑四合五天井的特点，在中轴线上布置主要建筑，栏杆上的精美石刻惟妙维肖，至今仍清晰可见。

可以说，乾隆时期奠定的昭通府城基本格局，经嘉庆、道光两朝承继微调，全城风物胜景相继完成，此后直到民国时期，都没有太大的改变。

### （九）支撑大清王朝半壁江山的滇铜京运

铜是清朝政府铸币的主要原料之一，清王朝二百余年的币制大体上维持白银与铜钱双本位制，大额商品交易用银，小额则用钱，在物质形态上分别表现为银锭和铜钱，二者在商品交易中有着同等的地位。由于白银在实际使用中涉及轻重、成色等兑换上的烦琐程序，因而统一规范的铜钱具有更高的使用度。清代乾隆以降，滇铜成为执行铜本位的大清政府铸造货币的最主要原料来源，在来自日本的“洋铜”输入逐渐断绝之后，滇铜就几乎成了铸币材料的唯一来源，而“滇铜京运”也逐渐成了为国家“铜政”这一生命体源源不断供应血液的命脉。

孙中山在其著名的《建国方略》中曾特别提及："四川、云南与扬子江一带，皆中国铜产最盛之区。由政府开采之铜矿在于云南北角之昭通者，经已数世纪之久矣。中国向来通用之钱币，几乎全赖云南铜矿以制造之"。民国时期著名地质学家丁文江在对滇东北铜矿历史进行考察后也评论说："云南是铜唯一的来源，而云南的铜百分之八十以上出在东川，其实大多数的铜厂属于巧家厅。"除原属巧家厅的汤丹铜厂之外，鲁甸厅的乐马厂、永善县的梅子沱厂与小岩坊厂、大关厅的人老山厂与箭竹塘厂、镇雄州的长发坡厂，这一串串承载往昔辉煌如今却遥远陌生的名字，默默坚守昭通铜业曾经的特殊地位。

如果说与相邻的东川兄弟相比，同属滇东北乌蒙山区的昭通在滇铜总产量中并不占显著比例，那么在滇铜运输的问题上却具有完全不可忽略的咽喉位置。在现代的交通工具问世以前，水路运输是大规模运输中成本最低的方式，经长江而入京杭大运河可直达京城，但云南的沟壑纵横和长江上游金沙江的急流险滩使得舟楫难通，原有的人背马驮又显然很难保证滇铜京运迅速和及时的到达，因而要解决昭通段大部分运程实现水运，充分利用金沙江及其支流关河水道极其关键。

在实际的运输过程中有四条运铜路线贯通整个昭通大地，它们是：（1）石门道（盐井渡）方向，此路将汇聚于东川府的铜料从陆路经五站半到鲁甸、昭通，而后陆路北运六站到豆沙关，再从盐井渡经横江河谷水运七站到叙州府，最后沿长江经二站到泸州，从东川到泸州全线共 20 站，计有水程 1450 里左右；（2）金沙江水道（黄草坪）方向，此路从昭通经昭黄驿道，即洒渔、永善莲峰县城、新店台三站半到黄草坪，再从黄草坪经水路八站到泸州；（3）镇雄奎乡路方向，此路在昭通设店后，直接从东川店经五站半到昭通，又三站半经洛泽河到镇雄州奎乡店（今彝良奎香镇），再从奎乡经过镇雄的牛场、芒部、雨河、扎西隘、威信计十二站到四川永宁，最后一站水路到泸州；（4）罗星渡方向，此路为乌撒入蜀旧路，山高水险，一般从威宁经五站到镇雄，然后又五站经芒部、雨洒等到罗星渡（今四川珙县罗渡），再从罗星渡先后沿南广河、长江水路计八站到泸州。

以上四条路线，单就其中的石门旧道而言，

因其设施相对完善，在滇铜运输中作用巨大，故早有“滇铜运输第一线”之称；罗星渡方向自明清以来就是四川进入云南的重要官道之一，驿站众多，因而也成为滇铜转运路上的第二线；金沙江水道虽然没有完全成功开通，但在乾隆年间也曾一度承担了大约一半的滇铜转运任务，其作用同样不可低估。滇铜京运的万里路程，支撑了近乎半个国家的经济体系。因此，清代滇铜的开发及运输，在云南地方史、清代经济史以及中国矿业史等领域占有举足轻重的地位。

“滇铜京运”刺激了昭通工商业的发展。鲁甸银铜业的开发，在周围形成了一个众多街道组合的乐马厂区集镇；《江神庙碑记》载，永善当时“舻舳相接，欸乃之声，应山而响，而自蜀至滇商贾贸易者，亦络续往来矣”；《昭通县乡土志略》一书则在记述昭通商务繁盛的境况时说：“在昔昭城，商业繁盛。厂务发达，称银用秤。滇铜蜀盐，车马交骈。秦楚赣粤，工贾群进。苏松梭布，填塞路径。百货云集，任人贩运”，呈现一幅车水马龙的繁荣景象，而昭通民谚所谓“搬不完的昭通，填不满的叙府”，正是这一时期昭通工商业发达的缩影。

## （十）清末民初新教育的引入与新人才的培养

昭通新教育的创办与清末教育制度的改革密切相关。经历庚子国变后的清政府痛定思痛，于1901年下定决心实行改革，其力度之大，涉及范围之广，远远超过几年前的戊戌变法，历史上将这一由清廷当局在形势所迫情况下进行的自发改革称之为“清末新政”。新政的主要内容之一，就是改革教育；而教育改革，又首在培养新式人才。有见于此，光绪三十年（1904年）便成了云南选送留日学生的高峰年，先后选派了7批计137人。其中第一批41人中有昭通的胡祥樾，第三批选送学速成师范的36人中有昭通的肖瑞麟。

肖瑞麟（1869 ~ 1938），字石斋，昭通永丰区人。生于清末昭通读书世家，父亲肖蝦庭以明经教授乡里，后充任恩安县“育英书院”山长。肖瑞麟自幼勤奋，通习经籍。19岁入昆明五华书院，后中辛卯科（1891年）乡试副榜，1892年入经正书院。早年受家学熏陶，旧学根底深厚，曾先后在恩安及永善两县担任书院的山长。在全国废书院、兴学堂的大背景下，在地方实际早已功成名就的肖瑞麟，毅然于 1904 年 10 月选择留学日本宏文学院，习师范。毕业归国后于 1906 年 3 月在凤池书院旧址创办昭通第一所师范学校——昭通五属师范传习所，兼设两等小学堂，与留日同学胡祥樾共为主任，为昭通培育人才和师资。肖瑞麟主讲凤池书院时，在以经史、辞章教化学生的同时，积极宣传维新变法，学习西方格致、算学。他留学归国后，完成了昭通旧书院向新学堂的转变，是昭通地区新式学校的奠基人之一。

1908 年，肖瑞麟到昆明两级师范学校任教后，传习所改名为“昭通五属初级师范”，由姜思孝（毕业于日本宏文学院师范科）接办，昭通地区的师范教育从最初应急性的师资短训，开始逐步走上正轨，课程内容比起传统书院来要全面了很多。

1912 年，云南军都督蔡锷批准在昭通创办省立第二师范学校，委任张本钊为校长。张本钊，字仲康，昭通海宴池（今博禄乡）人。自幼聪慧好学，1904 年考取云南公费留学，入日本东京高等师范博物类。毕业后在日本学习、工作近十年。为了鼓励更多人走出大山面向世界，张本钊写信给胞兄张本钧，豪言就是“卖田地（自费）也该去”日本留学。张本钧随后便于1908年自费考入日本宏文学院师范科。张氏弟兄在日本留学期间，为改变家乡的旧式教育，自筹经费购置图书、教学仪器，计划在海宴池创办私立小学堂。1910年，张本钧先留学归来，担任昭通初级师范学堂监督（校长）兼恩安县高等小学堂堂长（校长），同时捐赠图书仪器，正式筹办私立海宴池初等小学堂。当时张本钊在日本未归，经省教育司同意，由张本钧代理二师校长，负责1913年的建校筹备工作。他广延人才，聘用戴澍春、刘盛埴等一大批优秀青年教师到省立二师执教。同年10月，张本钊回国履职后，又呈文省政府，请求在省立二师内成立昭通八县联合中学。正待大展抱负，遗憾却积劳成疾，身患重病，只得东渡日本就医，后不幸客死异乡。张氏兄弟为开拓昭通的新教育做出了不可磨灭的贡献。

张本钊病退后，姜思敏于1914年12月从昆明省立一中调任昭通省立二师校长。姜1903年以府学附生资格，官费留学日本东京高等师范理化类。到任后，他立足本校、心系全区，将前任的未竟事业积极推进，筹办八县联合中学、省立二师改省立第二中学、建立八县联立师范学校、女子师范、女子中学等，先后历任各校校长达 27 年之久，为昭通地区培养了大量人才，深受后人称颂。

在清末的留学群星中，昭通学子除了选择育人职志之外，也有不少人选择了政法，陈宗华即是其中的代表。1905 年，陈宗华以优异的成绩被选送为官费留学生，进入日本法政学校学习。回国后，本想在改良国内政治方面大有所为，但黑暗的现实使他发现抱负难伸。虽在蔡锷、张开儒的推荐下，短期担任过永善、曲江县知事（相当于今天的县长），也颇有政声，但面对军阀混战，政客权争，他看破红尘，“悬篆返家”，还仿陶渊明的做法，遍请昭通文人为自己写挽联挽诗，并自作一联：“生未逢世，死未逢时，空存热血满腔，点点滴滴向谁洒；外不徇人，内不徇己，留得冰心一片，明明亮亮有天知。”字里行间，既宣泄了满腔的不合时宜，也可从中窥见当年的政治与社会生态。

### （十一）基督宗教在云南的核心区

19 世纪末的昭通城，人们常常能看见一个手提铜锣、装扮成江湖艺人的英国传教士，在最热闹的西陡街向人群宣讲圣经。喜欢热闹的娃娃们常跟在他后面喊“洋鬼子……”直到把他一路送回家。按照昭通人的习俗，凡上午遇见熟人就招呼“格吃过早饭了？”这个英国传教士逛街时也入乡随俗，只是由于初学汉语，他将问候语作了简化，加之语音不准，一句“先生，早饭”，便往往被人听成“先生，造反”，惹得路人要么侧目而视，要么群情激愤，相互转告“洋人造反”。一时议论纷纷，小孩子则跟在他后面振臂高呼：“打倒老洋人！”“洋人”内心诧异，一时不知何故，但也不以为意。这个英国传教士就是在乌蒙山区坚持传教达二十余年的柏格理。

提起柏格理，现在的昭通人多半都会一脸茫然，但他和同伴一起在昭通创办的各种公益事业，却早已扎根这片红土地。近代昭通最早的新式教育，就始于柏格理夫妇于1898年2月在集贤街开办的中西学堂，从此昭通城开始有了地理、算术、卫生等旧学堂闻所未闻的学科，女孩子也破天荒地有了走出家门接受知识的机会。1902年，基督教会又在昭通城东郊买地，修建新校舍。学校如期开学，但名称却在此后几十年里不断更改：中西学堂、宣道学堂、明诚中学。最后定名的明诚中学，其实就是后来昭通地区二中的前身。再后来，地区二中搬走了，合并了，在留下的校址上，又相继走来了昭通师范、昭通师专以及昭阳区第二中学。铁打的校园流水的师生，不管学校叫什么名称，但“根”却都在那群传教士身上。

昭通当年是循道公会（最初称“圣经基督教会”）整个西南教区的核心地带。这群“循道公会”的传教士，不仅在昭通办教育，还在昭通宣传戒鸦片、禁缠足等新社会风尚。他们的另一重点事业，便是推广新型医疗服务。1902 年，昭通福滇医院成立。这是乌蒙山区历史上第一所西式医院，甚至可以说是整个云南最早的西式医院，产妇新式接生、种痘、外科手术、麻风看护等医疗技术，一一得到推广。优秀人才被选送到成都的华西大学深造，其中不乏乌蒙山区最早的医学博士。福滇医院还附设了福滇护校，发展为后来的昭通卫校。1951 年，福滇医院被新政权接管， 1955 年又与天主教的惠东医院和原中心卫生院合并，正式组建为昭通“专区医院”，也就是现在的“昭通市第一人民医院”。许多外国传教士，游于斯，殁于斯，他们的遗体最后也葬在了凤凰山背后的“洋人坟”。

比较起来，天主教传入昭通的时间，实际上还要更早于基督新教。清代天主教在云南的活动不绝如缕，不过最早的传播区域还在昭通。从1696年云南教区正式在大关、盐津一带的偏僻乡村设立，到1840年在云南昭通成立独立传教区，天主教在昭通经历了一百五十多年的“地下”传播史。1840年，罗马教皇正式批准把云南教区从四川教区划出，成立独立的云南代牧区，委任巴黎外方传教会 的袁若瑟神父为云南教区首任主教，主教公署就设于教会历史最为悠久的今天盐津县龙溪教堂。主教公署于1843年正式设立，负责管理全云南的教务，使滇东北这一边缘地区具有了某种“中心”的地位。

袁若瑟到云南后，以盐津为基地，先后在龙溪、成凤山、田坝头、叭咡岩（即艾田坝）建立教堂，历史上被称为云南最早的“盐津四堂”，教友也从不到一千人发展到一万三千余人。同时还在成凤山创办了云南省第一所神学院——“若瑟小修院”，先后培养中国籍神父十余位，以此为向昭通、彝良、会泽等地发展的基础。此后天主教开始向交通更发达、人口更稠密的城市拓展，连续在昭通县城设立总堂、昭通城北门外的李子园设小经堂、在洒渔河等地设立布道所。1935 年，另外成立天主教昭通主教区，这是当时云南全省唯一中国籍神父任主教的国籍监牧区，管理昭通、大关、盐津、彝良、镇雄、巧家、会泽等地的教务。截止到 1949 年时，昭通天主教会有教堂 25 座，另办有惠东医院、加美禄医院、仁爱医院、惠民诊所、昭通麻风院、会泽孤儿院等公益性机构。民国《昭通县志稿》中记载说：“该教堂立有医馆一所，专治小儿科，并牧养遗弃婴孩，雇乳媪抚育。数十年来，赖以存活者其数亦不少矣。”

## （十二）民国时期的新昭通建设

1903 年 2 月，美国旅行家盖洛步行到达昭通，他忍不住用当时还不太普及的照相机为昭通留下了最早的影像，并称她为“云南省第二个重要的城市”。确实，昭通“小昆明”之称和云南第二大城市的地位，在晚清民国时期完全是名至而实归。

但在经历咸同以来的多次战乱后，昭通城早已不复旧时景象。一方面，兵燹无情，城区主要街道多已残破不堪；另一方面，随着现代交通工具的逐渐出现，以及对外交流的日益增多，原有街道在现代文明的映衬下，便显得越来越狭促。一个见过世面的外国人就曾经描述昭通清末的街道说：如果有一辆牛车经过，也会迫使避让的路人不得不紧贴路边的墙面。这样的情景说明，站在现代门槛边的昭通城，已经到了必须有所改变的时候。

民国初的昭通城变化极其有限，可数的改造，仅发生于1924年。在省城做了大官的龙云，将马王庙买下后改建为云兴街，宽5米，两旁人行道各宽2米，共宽9米，用条石铺筑路面。这样的格局在当时已属高大上，成为此后昭通城改建的标杆。

要说民国时期的新昭通建设，便绕不开安恩溥。安恩溥，出身于镇雄花竹沟的黑彝家庭。早年考入昭通省立二师，后投笔从戎，改投云南陆军讲武堂，走上从军之路。1929年，他以暂编第一团团长身份（后升任第二旅旅长），被龙云遴选派驻昭通，除军务外还兼管滇东各县政务。从此，安恩溥开启驻昭八年的任期，事实证明他也没有辜负龙主席和昭通老百姓的期望。1939 年，云南省民政厅在《昭通调查报告》中评论说：“昭通历任县长对于地方建设、社会教育等均有贡献，尤以安旅长创办实业、兴水利、拓垦殖、建公路，政绩尤丰。”

为了兴办实业、恢复昭通滇东重镇的地位，安恩溥于 1931 年发起创办昭通民众实业股份有限公司，设垦殖部、矿业部、电力部，并对市政设施进行大规模改造。垦殖部筹办森林、畜牧；矿业部经营矿山；电力部主要开发电力。1932 年，公司从上海购置一套 80 千瓦火力发电机组，转道越南海防，经滇越铁路运抵昆明，再人背马驮运回昭通，安装于西岳庙的公司本部。1934 年 1 月正式供电，一时间“满城街市，普放光明”，昭通正式进入电灯时代。

在以农为本的国家，关注民生，首先要关注农业；关注农业，第一位的大事就是兴修水利。在千顷池、龙池灌溉下的昭鲁坝子，是养育农耕文明的福地。但晚清以降，河道失修，灾害频发，百姓深受其害。安恩溥驻昭几年间，对贯通昭通坝子的昭鲁大河、利济河两项水利工程，特别看重。他邀请工程技术人员，沿河踏勘，拟制修浚方案，交绅民会议讨论。资金上，除申请上级拨款外，沿河受益乡村，“有资出资，无资出力”，于1931年正式开工。工程要点：一是凿深、凿宽河口处的梗阻，增大泄洪能力；二是中游清淤，加高、加固河堤；三是疏浚上游支流，塘、坝、闸、堤综合整治，控制汛期上游来洪量。三年后工程告竣，受益农田50000多亩，为昭通农业的恢复发展做出了巨大贡献。

此外，安恩溥还由自己创办的昭通“民众公司”出面，购买、开垦城南观音寺的水淹荒地。1931～1935年间，共开垦荒地五千多亩，提供籽种、耕牛，集中安置佃户五十余户而聚居成一个村落，名为“新民村”。安又将新民村作为他改革旧俗，倡导文明新风的试点，建学校、医院、公园；以村规民约规定村民实行戒烟、不种鸦片、男女学龄儿童强制入学、二十岁以下妇女强迫放足等，打造建立模范乡村的计划。

1934年，安恩溥主持对主要商业区的陡街、西街、马王庙，进行大规模整治改造。住房后让，街道拓宽，车马道宽 5 米，两旁人行道各宽 2 米，街面全用 30 厘米长、20 厘米厚条石铺筑，临街铺面按统一规划设计，全部改建为砖瓦结构仿法式的二层楼房铺面。陡街改造结束，又“次第兴建西大街、环城马路及城内十字马路”，扩建、重建城郊迎丰桥，虹桥。工程完成后，昭通面貌焕然一新，市民交相称赞。1937 年春，安恩溥又主持完成了《昭通县城市区街道等级及宽度的报告》，对城区街道等级作了细致规划，是昭通历史上第一个城市规划。

在城市建设中，安恩溥还重视修葺昭通风景点、运动场等公共设施。他在城郊修建北兵营，指挥中心、营房、警卫、操练阅兵场地一应俱全，以作“永久驻兵之所”。考虑到昭通以滇东首县的地位，学校、学生甚多，却没有一个像样的运动场。在“九·一八”事变后，安恩溥多方集资，于城郊圆宝山下征地数十亩，带领所部官兵整修成一个设施较为完备的综合性的“逐日运动场”(今元宝山体育场)，兼寓“逐日”锻炼与驱逐日寇的一语双关。随后，他又倡办昭通等十县联合运动会，推广体育运动，卫国卫民。清官亭、大龙洞、葡萄井等，是昭通著名的人文胜迹。安恩溥率先垂范，并号召市民和所部官兵捐资数万元，修整道路，拓宽林园，修葺历代建筑，收集保存前贤碑记、摩崖、题咏，辟为公园，供市民游览的同时，“以风物寓教化”。

安恩溥深知交通对于山川险峻的昭通所具有的重要意义。为了配合龙云全省公路建设计划，在修建威宁县城至滇黔交界处烟堆山 108 公里长的公路时，考虑到这一段人烟稀少，民众生活贫寒，安恩溥率所部官兵主动承担了百分之六十的工程量。烟堆山至昭通城 14 公里，也主要由安恩溥旅第三团修筑。至 1937 年 9 月安旅誓师出征抗日时，全部路基工程已基本完成。同时，安还倡修从昭通至新民村的公路，“沿途十余公里”，一切费用皆由安恩溥出资。

1929 ~ 1937 年的新昭通建设，使昭通一度呈现地方安定，匪患平息，市政改善，风尚趋新的局面，水利得以兴修，荒地得到垦殖。若非抗战的爆发，昭通地方建设将会走上良性循环的轨道。

## （十三）老街老巷老故事

老辈人说，昭通古城“围城九里三、穿城三里三”，核心就在“辕门口”，这里是东南西北中轴线的中心，也是全城的制高点，居高临下，俯瞰四门，城内大小街道64条，或直或曲，最后都交汇于此。

老昭通街巷的命名生动活泼，不拘一格。有的贴近日常生产生活，如草市街、炭市街、毡匠街、铁匠街、毛货街、棺材铺街、大马房街、杀猪巷、打猎巷等；有的彰显浓郁的文化精神，如怀远街、文渊街、启文街、崇义街、文化街、达智街、集贤街、薄济街、德育街等；有的反映民众对丰衣足食、福寿安康的祈祷与追求，如福禄街、仁寿街、居仁街、永安街、永丰街、崇安街、丰乐街、五福巷等；有的形象直观，令人忍俊不禁，如缩头巷、蚕豆街、鸡舌头巷等。

每天早上7点，城门上钟鼓楼里的晨钟按时敲响，城门打开，吞吐着进出的人流。进来的人们肩挑背扛，都是山货野物，买卖各种早点小吃的吆喝声此起彼伏；出去的人们大都手里拿个大碗，去端回油糕饵块或者豆浆油条。晚上9点左右，城门上钟鼓楼里又暮鼓低回，城门开始渐次关闭，二根烟火关一半、三根烟火关另一半。其后，就上锁，就只留一条门缝，只容一个人侧身进出。

内外侧砖砌、中间夯土而起的城墙，宽约四米，城墙上可以安然地跑车。小孩们顺着它的石阶往上爬，到城墙上面嬉玩打闹，城墙根内侧，许多老人各占一个地盘，将狗粪、马粪、牛粪收集起来堆好，到来年春耕时节卖给城外农民种地，在老昭通的话语里，叫“抓早粪”。

城门口既是人们进进出出的要道，自然也成了宣示政府意志的最佳场所。无论何时捕获了被认作是匪盗的人，都会被处以斩首的极刑，然后他们的头颅就挂在城门洞上，向行人展示。如果穿越回 1894 年，我们会看到一个因为拦路抢劫并谋杀两个旅行者的男子，被烧红的钉子钉穿手腕挂在城门上。为了让全城男女老少都能看到他的痛苦模样以示惩戒，他被以这样的方式在四个城门上轮流示众，一直痛苦地挣扎了四天。进入民国后，镶门口建起了贞孝牌坊，不知从何时开始，它上面增加了许多铁环，专为杀了人后便于悬挂人头示众而设。人们每天走在下面，总是心惊胆战，担心稍不注意那滴沥的污血会溅在身上，招惹晦气！

1903年的时代，欧风美雨已经吹拂进这座深藏于乌蒙山里的城市。城门上贴着介绍“托拉斯”“辛迪加”这些拗口新名词的传单，与古城交相辉映，但又显得很不搭界。官员们既赶时髦又非常不情愿地聘请来两位日本工程师，协助开发本地铜矿，但最终还是被我们“聪明”地解聘：官员们想测试他们的找矿知识，于是提前在北校场埋了1000文铜钱。随后装作很随意地领着日本工程师来到这里，问对方此处是否产铜。当工程师做出否定回答后，充满怀疑的官员令人掘出铜钱，以证明工程师的无知，然后他们就被予以解雇了。这个故事背后折射出的“爱国主义”，对于今天的人们仍然很有参照价值。

由于受新社会风尚的影响，清末昭通开始大力禁烟禁赌，只有在过年期间，才允许赌博五天，期限一过，便明令禁止。但人们并不把官府告示放在心上，几乎每家的男人、女人和孩子都在赌博。当然也有例外。东门一户人家的儿子太沉溺于赌博，其父想尽一切办法阻止，都无济于事。最后，他怒气冲冲地威胁说："老子要勒死你。"几天后，他真把儿子勒死了。这种近乎"犯罪"的行为并未引来官府的干涉，因为亲属们的灭亲之举使城市免于更大的耻辱。

近代时期的昭通社会，和中国的其他地方一样，充满了迷信的气氛。美国旅行家盖洛回忆：对于昭通这片土地上的人来说，生者与死者的距离近得只隔一层纸。死者的灵魂往往比活人更有力量，他们的影响无处不在。房上木板的咔嚓声、老鼠的咯吱声、水壶的鸣叫声、煮饭时的嘶嘶声或风吹树叶的沙沙声，都是精神世界的表现。如果看到一个家庭妇女在摆弄一盆水和三根筷子，对任何人都是司空见惯的事。她会先把筷子的手握部分插到水里，然后倒过来，让筷子尖立在水里，用拇指和食指捏住筷子把儿。然后，操作者把这个家里死去亲人的姓名快速地念诵一遍，每提到一个名字，就停一会儿，松开捏筷子的手。有时候筷子自己站住了，这就表明刚刚提到名字的那个死人对这个家庭不满，让某个家庭成员在身体的某个地方感到疼痛。

最无忧无虑的，永远都是小孩子。他们不管

刮风下雨，白天黑夜，总是把身边一切可能的什物当作玩具，比如斗蛐蛐、橡皮筋、铲角板、苦楝子、几粒石头组合起的“掷掷宝”等；即使没有玩具，同样也可以玩“争江山”“斗马儿”“蹲蹲站站”或者“修钟”。就是下雪天那房檐上悬掉一米多长的凌勾勾，都可以踩着凳子掰下来当冰棍吃。那个年代的学校太少，更没有幼儿园，许多娃娃的童年启蒙都是通过儿歌来完成。什么“一碗水，二平寨，三家村，四方井，五马海，六（绿）荫堂，七家寨，八仙营，九（原为韭，取谐音）菜坪，十五户（又作石头塘）”，把昭通周边地名琅琅上口地普及了个遍。下雨天蹲在屋檐下喊“大雨大大下，小雨我不怕”；夜晚则一边捉迷藏，一边唱着“月亮汤汤，骑马烧香；烧死罗大姐，气死窦三孃”……整个城市，要在童声的喧哗消退后，才会沉沉睡去，然后等待新一天或新一年的轮回。

### （十四）红军长征过昭通

1935 年 1 月遵义会议后，中央红军为摆脱国民党中央军的围追，计划消灭土城之敌后北渡长江，与红四方面军会合。但由于低估了川军的兵力及战斗力，战斗受挫，损失惨重。这时，中央红军面临严峻的形势，下一步向何处转移，仍然是困扰着红军的战略问题。鉴于中央红军完全处于被大包围的态势，而且已经基本丧失渡江的条件，中央红军必须另辟蹊径，寻找行军线路，而地处川滇黔边刚设立县制的威信扎西，地处“鸡鸣三省”之地，是个三管三不管的地方，滇军正规军短期无法赶到，成为中央红军集结、休整，摆脱川军的好去处。2月3日，中共中央及中革军委果断决定，迅速脱离当前之敌并集结全力，改向威信县扎西地区集结。

2月4日至14日，中央红军陆续进入威信、镇雄等地集结。期间，先后在水田寨花房子、大河滩庄子上、扎西江西会馆召开了一系列会议，后来统称为“扎西会议”。扎西会议是遵义会议的继续和落实，其主要内容有：第一，变换中共中央最高领导，实现博洛交权；第二，改变中央红军北渡长江的预定目标，做出“回师东进，二渡赤水，重占遵义”的新战略；第三，审议通过《遵义会议决议》和《决议大纲》；第四，实行精简缩编充实连队，加强作战第一线，有效提高了中央红军的机动性等等。总而言之，作为遵义会议的延续和发展，扎西会议在中共党史和红军长征史上具有十分重要的地位和作用。

红军到扎西集结时，正值农历春节前后，威信一带下了一场很大的雪，天气十分寒冷。当时的扎西很穷，县城仅 200 来户人家，星散于一块小盆地上。除中央机关找到房子住下外，红军其余部队都在冰天雪地里露营，不惊扰穷苦百姓，还广泛宣传“红军是打富济贫，是工农自己的军队”，将打土豪没收来的粮食等分给穷人。中央红军在扎西住了三天，渐渐消除了群众心中的疑虑。在红军的教育和动员下，几天之内，不少扎西地区的人们纷纷加入红军。红九军团在威信大河滩召开的一次扩红动员大会上，当场报名参加红军的就有 20 多人。小坝的肖发文背柴到扎西赶街，听了红军宣传，放下背架子就跟着红军走了。扎西扩红的成果，是单独成立了一个新兵营。后来陆定一、贾拓夫合编的《红军歌》中说：“二月里来到扎西，部队整编好整齐，发展川南游击队，扩大红军三千几”。

1935 年 4 月 22 日，中央红军又从贵州挺进云南。其中的红九军团在完成掩护中央红军主力转移的任务后，运用机动灵活的战略战术，途经宣威、会泽，先头部队于5月5日到达金沙江边的原巧家树桔渡口，巧妙渡过金沙江，在懋功同红四方面军会师，取得战略转移中具有决定意义的胜利。

1935年11月，转战于湘鄂黔根据地的红二、六军团，在完成策应中央红军战略转移任务后，开始长征。一路上，1.7万红军处于被国民党军重重“围剿”之中。紧急关头，二、六军团于1936年3月6日至18日从贵州进入昭通境内活动，军团总指挥部在贺龙、任弼时、肖克、王震的领导下，根据赫章野马川会议决定，在彝良寸田、镇雄以萨沟指挥了回旋千里，转战滇、黔边，历时23天的乌蒙山回旋战，完成了调敌西去，疲惫敌人，诱敌北进，寻机向南，跳出敌人包围圈的目的。此后，红二、六军团顺利横扫滇西、翻越雪山，最后从滇西石鼓渡过金沙江，在甘孜和红四方面军会合，完成红军长征史上“乌蒙磅礴走泥丸”的重要一环。

## （十五）抗日前线的昭通健儿

1937年“七七事变”后，全面抗战爆发。8月上旬，时任云南省政府主席的龙云，赶往南京参加最高国防会议。会上，龙云慷慨陈词，代表云南各族人民表明了抗战到底的决心，并向蒋介石承诺最短时间内组建一个军出滇参加抗战。龙云回到云南后，仅用28天时间，就完成了六十军的编组，以卢汉任军长，下辖182、183、184三个师。其中的182师，即由驻昭部队安恩溥旅改编，共1.1万人，大部分是昭通本地人。

1937年9月9日，从城中心的辕门口至郊区元宝山，昭通万人空巷，数万人列队夹道欢送，为出征的将士壮行。街头、路旁到处可见母亲含着热泪送走自己的儿子；新婚妻子难舍难分地和丈夫依依话别；百里外赶来的老大妈给独生子捎来补巴摞补巴的寒衣。10月5日，军部誓师出征大会在昆明巫家坝举行。

以昭通籍官兵为基干力量的182师离开昭通后，日夜兼程40余天，徒步行军2000公里，抵达长沙。而后又转乘火车至浙东金华、兰溪一带待命。1938年初，全军奉命调武汉，驻平汉线孝感、花园、武胜关一线备战。1938 年 4 月中旬，日军两个师团大举进攻军事重镇徐州。第五战区司令长官李宗仁致电蒋介石，点名要六十军增援。4 月 20 日，徐州告急，六十军当晚出发，次日抵达徐州前线，参加台儿庄战役。22 日上午，182 师在台儿庄、禹王山、辛庄一线布防，马上昼夜构筑工事。卢汉在运河北岸设指挥所督战，严令各部“只准前进，不许后退！”次日拂晓，六十军全线接敌，与日寇矶谷师团展开血战。禹王山尸积如山，血流成河。

激战中，我军反复和敌人肉搏拼杀，五四二旅旅长陈钟书、1080 团团长龙云阶、1078 团团长董文英、1083 团团长莫肇恒壮烈捐躯，营连排军官伤亡过半。龙云阶团长倒地时，口中仍高喊“杀杀杀”；董文英团长手指被子弹击穿，血流不止仍坚持战斗，直至头部被击中，壮烈殉国，只留下给洒渔的妻子最后遗书说：“我身为抗日军人，负有保卫我神圣领土重任，此为我与阵地共存亡，报效国家竟素之时也。”其他如营长彭耐夫（即彭勤，昭通靖安人），腿部负伤仍不下火线，其弟彭天达排长壮烈牺牲；司务长周永祥在送饭中与敌遭遇，用大刀与敌人肉搏，至死不退；1079团副团长手臂、大腿多处负伤，仍坚持指挥、救护伤员；高射炮排长金荣海和俯冲扫射的多架敌机抗击，牺牲在炮位上；班长张子明左脚髁部被炮弹削掉，仍冲杀不已；中士刘志高，手持集束手榴弹与敌坦克同归于尽。就连日方报纸也承认："自九一八开战以来，遇到滇军猛烈冲锋，实为罕见。"

从4月22日投入阵地到5月18日奉命转移，历经27个日夜，六十军全军伤亡过半，182师打得尤为惨烈，伤亡十之七八，缩编为一团，昭通籍官兵3000余人殉国。1938年秋，经补充新兵后，恢复建制的182师，又参加了武汉会战、赣北会战、滇南防御战。

整个抗战时期，昭通籍参战抗日将士特别多。据统计，1939年昭通人口户数仅212930户，总人口1012123人。通过多方征集，比较准确的阵亡昭通籍将士就有3453人。按现有行政区划分，各县区阵亡人数是：昭阳区969人、鲁甸县314人、巧家县214人、镇雄县116人、彝良县302人、威信县50人、盐津县215人、大关县445人、永善县 499 人、绥江县 151 人、水富县 39 人。昭通健儿以保国卫民为己任，奋勇杀敌为决心，不管炮火硝烟、血肉横飞，仍前仆后继，用鲜血和生命实践了六十军军歌的誓言：“我们来自云南起义的地方，走过崇山峻岭，开赴抗日的战场。弟兄们！用血肉争取民族的解放，发扬我们护国、靖国的荣光。”

# 七、人物春秋

## （一）杜宇——游走在历史与传说之间的望帝

文字出现以前的人类远古历史，往往一半是神话，一半是传说。诗仙李白长歌“蚕丛及鱼凫，开国何茫然”，由此感叹古蜀列王事迹的缥缈难寻。汉代大文豪扬雄，在其《蜀王本纪》中记载：蚕丛、柏鹳、鱼凫三代蜀王“各数百岁，皆神化不死”，最后只是成仙“化去”；其后，“有一男子，名曰杜宇，从天堕，止朱提；有一女子，名利，从江源井中出，为杜宇妻”。正是这三十个字，引起后人解读时的无限猜测。到了东晋常璩写《华阳国志》时，以上内容作变为：“后有王曰杜宇，教民务农，一号杜主”；“时朱提有梁氏女利，游江源，宇悦之，纳以为妃。”

比较来看，东晋《华阳国志》一洗汉朝《本纪》

中“天堕”“井出”等神话色彩的文字，却共同提到了“朱提”这一地名。在草色灰线之间，人们隐约看到：大约西周末叶到春秋战国间的某时期，一个叫杜宇的部族（有可能源自氐羌），在经过辗转迁徙后，突然从乌蒙山外出现在朱提（今昭鲁）坝子（即所谓“从天堕，止朱提”）。由于昭鲁坝子平坦广阔，水草丰茂，四季分明，杜宇部族在这里繁衍生息。之后，他们从朱提出发，沿横江河谷进入川南，再循岷江而上，抵江源（今四川灌县一带），杜宇娶当地梁氏部族女子梁利（《华阳国志》认为梁利亦为朱提人）为妻，通过婚姻结为联盟，从而在成都附近站稳脚跟，随后击败蜀王鱼凫部落，继而为新一代蜀王。此后，杜宇势力不断发展壮大，以致当时的七国君主都只敢称“王”，唯独杜宇却称“帝”，这就是大名鼎鼎的“望帝”。

到望帝年老时，蜀地突发大水，楚人鳖灵受命开峡治水，使居民得以重回陆地。“望帝以其功高”，即禅位于鳖灵，自居西山。另据神话传说，他后来实际是得道升天，为蜀人怀念。还有一种说法更指明，在鳖灵外出治水期间，杜宇却在宫里与鳖灵之妻私通，嗣后自感惭愧，遂选择隐退让位。

晋代张华《禽经》注补充说：“望帝修道，处西山而隐，化为杜鹃鸟，或云化为杜宇鸟，亦曰子规鸟，至春则啼，闻者凄恻。”杜宇因而成为杜鹃的别名。民间传闻：每逢春播时节，杜鹃以“布谷”之声催耕，日夜悲鸣，啼到血出方才停止。后人遂用“望帝啼鹃”，寄寓理想抱负的不能实现。如《窦娥冤》中“这就是咱苌弘化碧，望帝啼鹃”；李商隐“望帝春心托杜鹃”更是千古传唱的名句。

那么问题来了：不管是“以其功高”，还是“自感德薄”，既然啼声如此凄恻，死后蜀人又为之感念，显然内中就另有冤屈隐情。《说郛》辑《太平寰宇记》云：“望帝自逃之后，欲复位不得，死化为鹃”。这一句话略微透出若干隐藏消息：望帝化鹃，皆缘“欲复位不得”，非以鳖灵“功高”更非“私通”而“禅位”。

那么真相究竟如何呢？由于文献的缺乏，后人已难知其详。不过杜宇神话，民间却另有版本流传，与古籍记载颇异，略云：岷江上游有恶龙，常发洪水为害人民。龙妹乃赴下游决嘉定之山以泄洪水，恶龙闭之五虎山铁笼中。有猎者名杜宇，为民求治水法，遇仙翁赠以竹杖，并嘱其往救龙妹。杜宇持竹杖与恶龙战，大败之，又于五虎山下救出龙妹。龙妹助杜宇平治洪水，遂为杜宇妻。杜宇亦受人民拥戴为王。杜宇有贼臣，常羡杜宇既得艳妻，又登高位，心欲害之。一日猎山中，遇恶龙，遂相密谋，诡称恶龙欲与杜宇夫妻和解，乃诱杜宇至山中而囚之。贼臣遂篡杜宇位，并逼龙妹为妻。龙妹不从，亦囚之。杜宇被囚不得出，遂死山中，其魂化鸟，返故宫，绕其妻而飞，曰："归汶阳！归汶阳！"汶阳者，汶水之阳，即《蜀王本纪》所谓"望帝治汶山下邑曰郫"。其妻龙妹闻其声，亦悲恸而死，魂亦化鸟，与夫偕去，共同演绎出一段"化鹃"的绝唱。

当现代人唏嘘重温"望帝啼鹃"典故时，已知杜宇冤屈无疑，至于数千年前的历史真相，又何必再去较真呢？

### （二）文齐——开凿龙池，惠泽后世

如果说杜宇是第一个"走出去"的（有名有姓）昭通人，那么文齐就算得上第一个"引进来"的（有

名有姓）外地人，他对红土地的贡献，两千年来一直为云南人口耳相传。

文齐，字子奇，梓潼（四川梓潼县）人。汉武帝于元封二年（公元前 109）在原来的犍为郡之外另设犍为南部，朱提（今昭通）等 5 县便归南部都尉管辖。汉平帝元始（公元 1 ～ 5 年）末年，文齐出任都尉。到任不久，他便因地制宜，为地方兴修水利。

《华阳国志 · 南中志》记载此事说：“先有梓潼文齐，初为属国。穿龙池，溉稻田，为民兴利。”惜墨如金的文字除了对文齐的职务有明显误记之外（“犍为属国”要等到东汉安帝永初元年，也即公元 107 年才设置，此处应为“犍为南部”之误），却透露了重要的昭通历史信息：正是新官上任的文齐，率领当地彝汉民众开凿水源，修沟渠，引池水，推广了内地的水稻种植和灌溉技术，为百姓兴千年之利。

龙池的具体所在，现今已不得而知；它与《永昌郡传》和魏完《南中志》等文献中所提及的“千顷池”之间究竟有无关联？与今天的大龙洞又是何关系？这些问题都让人莫衷一是。左思《蜀都赋》谓："龙池瀑瀑漬其隈"，刘逵注曰："龙池，在朱提南十里（《续汉书·郡国志》注引作'数十里'），地周四十七里"。后人据此推测，龙池即为近代昭通鲁甸之间的八仙海。1932年云南地志编辑处编绘《云南省县区图》昭通县图时，犹记八仙海"南北长二十余里，周回约三十里"，只是如今已成为一望沃野。笼统地说，当年朱提地区有两池溉田，其中龙池得到了开凿整修，表明当时的昭鲁坝子上水稻种植非常普遍，形成和内地不相上下的灌溉技术及稻作文化。这一点可以从昭通、鲁甸"梁堆"汉墓中出土的大批铁农具以及牛耕汉砖画像得以印证，它们共同反映了汉代朱提地区农业生产的高超技术及其与内地的联系。正是因为汉晋时期朱提地区社会经济的高度繁荣，才进而养育了璀璨的朱提文化，也标志朱提地区超越滇中，成为云南经济文化发展的新中心。

为了纪念文齐对昭通的贡献，2015年9月在昭通大龙洞落成了文齐塑像。雕像高约18米，宽26米，总占地面积400余平方，供更多昭通人了解历史，铭记一个外省人为昭通做出过的贡献。

## （三）孟孝琚——天妒英才成就了“海内第一石”

光绪二十七年（公元 1901 年）五月，昭通城外白泥井马家湾一位叫马正卫的农民，正准备为自家起围墙，不经意间在附近封土掘出一块石碑。马正卫仔细端详，但终不明就里，于是进城摆给城里有文化的胡国桢先生听。胡国桢心生好奇，就约同昭通著名学者谢太史谢履庄前往探究。到现场后，见碑首残断，碑左青龙，碑右白虎，碑下刻玄武，间有泐痕，形制苍古，却不知此碑的由来和年代。二人连忙叫乡人小心把石碑完整取出，随后又用牛车把这块还沾满新鲜泥土的石碑运到城内凤池书院，最后赏给马正卫一匹红、几两银子。当时的所有参与者都无法知晓，他们使一段在泥土里湮没两千年悲天动地的挽歌重见了天日！

原碑拓片经谢履庄等人携往省外，分赠学人，后在天津《神州国光集》上发表，一时间“名满海内”，金石界为之震动，经初步鉴定为汉孟孝琚碑。海内名家如吴絅斋、罗振玉、杨守敬、王仁俊、黄鹿泉、梁启超等，以及滇省名人赵藩、陈荣昌、袁嘉谷、方树梅、由云龙、张希鲁、谢饮涧等，各抒己见，各出断言。梁启超在题跋中称：“《爨龙颜碑》，文达谓为云南第一古石；自《孟琁碑》出土后，此又瞠乎后也”；黄鹿泉评论《孟孝琚碑》：“乃古汉碑第一，微独滇南瑰宝，亦寰宇稀世之珍矣！”方树梅跋《孟孝琚碑》文中也有“海内汉碑第一”的评价；清末云南状元袁嘉谷更称誉此碑为“滇中第一石”，对孟孝琚本人也推崇备至，称之为汉朝的经学大家，并为出土地欣然题款：汉经师孟孝琚故里。

由于碑首及一小半文字亡佚，碑文存15行，每行残存21字，现存250余字。因仅有“丙申”“十月癸卯”“十一月乙卯”等字眼，学术界长期以来便对立碑年代、碑铭补缺问题众说纷纭。昭通名宿谢饮涧先生，为此废寝忘食，历十余寒暑，在借鉴其他学者考证思路的基础上，钩沉索隐，抉幽烛微，以长历干支推算，确证孟孝琚卒于永寿二年。但卒年并非立碑之年，孟碑为东汉永寿三年（公元157年）遗物；同时，他还参照历代金石、碑刻、经籍，精考细证，择善而从，补孟碑缺文八十八字，使孟碑缺失复归圆满。著名学者由云龙在《书谢饮涧先生孟孝琚碑考后》一文中，评论其考证与补缺时说：“风格淳古，几与原文语气无别……孟孝琚碑得此考，可谓无遗憾矣。”

孟碑的补缺、考证，是谢饮涧先生对考古学的一大学术贡献。据此我们可知，碑文共分三部分。第一部分为序，即铭文前五行，叙述孟广宗生平事迹：“（惟永寿二年，岁在）丙申，月建临卯，严道君曾孙、武阳令之少息孟广宗卒。（呜呼哀哉！苗秀不）遂。广，四岁失母，十二随官，受韩诗兼通《孝经》二卷。博览（群书，比德于玉），乃改名为琁，字孝琚。闵其敦仁，为问蜀郡何彦珍女，未娶（而先殒。以其三年）十月癸卯，于茔西起攒；十一月乙卯平下。怀抱之思，心（中惨恻，刊石叙哀。）其辞曰……”需说明的是，以上抄录碑文括号内文字，即为谢氏补文。

昭通在两汉称为朱提，孟姓是当时所谓“南中大姓”之一。碑中载道，孟孝琚原名孟广，字广宗，后改名孟琁，字孝琚。“琁”“琚”的取名，来自《诗经·卫风》中的《木瓜》一诗：“投我以木瓜，报之以琼瑶，匪报也，永以为好也。”古字“琼”“琁”相同，与“琚”俱为美玉之名。

孟孝琚4岁丧母，12岁入官学习，博览群书，精通《韩诗》与《孝经》。汉时通一经者即为“博士”，孝琚称为“名儒”亦当之无愧。其为人敦厚仁慈，父亲为他纳聘了蜀郡何彦珍的女儿，但天妒英才，未娶却先因病夭折。

第二部分为正辞，即铭文的六至十三行，其中六至十一行是四言一句的诔语，十二至十三行是七言乱辞。全段既有对孟氏离去沉郁悲愤的遗憾（“天地有憾，阴阳郁结”），也有对命运不公的责怨（“四时不和，害气蕃溢。嗟命何辜，独遭斯疾”）以及对人生的感悟（“守善不报，自古有之”），同时还有对昭通气候传神尽致的写照（“凉风渗淋，寒水北流”），情真意切，文辞典雅，为历代学者所称赞。

《孟孝琚碑》在我国书法史上同样具有非常高地位，梁启超就评论说：“见此碑可证汉隶今隶递嬗痕迹，皆与书学有关”。书风方正平满，简朴古茂，体势夸张，横排纵放，既是迄今为止云南所发现的唯一汉碑，也是云南百字以上最早的一块古碑，历代书家都给予高度的评价。当代兼擅历史与书法的陈孝宁教授，将碑文通篇弥漫的沉郁基调与孟碑书法美学相结合而评论说：生死诀别，发为文字，其声悲，其情郁；见之书法，其笔涩，其力沉；形之结体，欲纵还敛，庄严肃穆中躁动着困惑与不安。孟碑其实也走出了国门，在日本昭和二年（1927年）出版的《书道全集》上，就刊载此碑拓片，日本书界深为推崇。

同时，孟碑还是研究西南古代民族史和云南与中原文化交流史的珍贵实物资料。碑文透露出当时昭通婚、丧习俗；从碑四周所刻的纹饰，可以窥见汉代当地人民的宗教信仰和石刻艺术水平。孟碑现珍藏于昭通老文庙的“汉碑亭”内，因其重要的文物价值，2006年被国务院公布为全国第六批重点文物保护单位。

### （四）诸葛亮——能攻心则南中自平

三国时代，刘备占据益州后，改犍为属国为朱提郡，任命“轻财果毅”的邓方任太守、庲降都督，治所在南昌县（今镇雄），管辖今昭通市及曲靖部分地方。222年，邓方病逝，刘备改命李恢为庲降都督，治所由南昌迁驻平夷（今贵州毕节）。223年，刘备因征吴之战大败而病死，南中（含大渡河以南的四川省及云南、贵州两省）

大姓雍闿、孟获、高定等趁机发动叛乱。一时间，南中除朱提郡外，局势一片混乱。

当时，由于蜀汉在夷陵之败中元气大伤，刘禅继位，主少国忧；加之曹魏、孙吴虎视一旁，贸然南征只会使蜀汉陷于危亡境地。蜀汉丞相诸葛亮便一面闭关息民，务农殖谷，整治军队；另一面积极开展外交斡旋，同时派人巡行南中，笼络当地“大姓”“夷帅”，为平定南中积极创造条件。

蜀汉后主建兴三年（225），诸葛亮趁魏文帝曹丕与东吴交战之机，兵分三路征伐南中：诸葛亮率领主力为西路，经安上取水路入越嶲，“据险以待，敛兵不战”，吸引叛军主力；庲降都督李恢率中路军由平夷暗道向益州郡，袭取雍闿老巢；马忠率东路，由川南僰道趋牂牁，进攻朱褒。

当马忠带一支“偏师”进攻牂牁时，意外得到朱提大姓孟琰、夷帅济火的支援。济火（镇雄芒部祖先）到大草坝（今彝良小草坝乡）一带迎接蜀军，为蜀军开辟道路，供应军粮，使马忠得以抄捷径攻入牂牁，猝不及防的朱褒，迅速败亡。马忠东路军的胜利，促使南中叛军发生内乱，诸葛亮从会无县（今四川会理）“五月渡泸（今金沙江）”，进入朱提郡的堂狼县，进而三路大军合攻益州，生擒孟获。

为了稳定南中，战后诸葛亮对南中俊杰均委以重用，例如朱提人孟琰被任命为辅汉将军、虎步监，孟获则为御史中丞，使其乐于效命。朱提孟琰就曾率万余部曲随诸葛亮北伐，并出其金银、战马供给军需。

尽管“七擒孟获”的故事演义成分太多，真假难辨；孟获的籍贯究竟是朱提还是建宁（曲靖），也多有争议。但诸葛亮采纳参军马谡“攻心为上”的建言，从而实现“西和诸戎、南抚夷、越”的战略措施，使南中郡县不到一年即迅速平定，则是不争的事实。《汉晋春秋》载，战败后的孟获心服口服地说：“公，天威也，南人不复反矣！”

同年冬，诸葛亮大军自汉阳返回成都，朱提等郡首领感戴其德，为其塑像纪念。至今，昭通仍有昭阳区“诸葛营”、巧家将军柱、永善百仗坡（相传孔明为征服此地在坡上打了百仗）、八仗地（孔明在此打了八次仗）等地名存留于世，似可作当年武侯南征的见证。

## （五）袁滋——以摩崖演绎国家的统一

盐津县西南20公里的豆沙关，是锁钥滇蜀、沟通云南与中原的交通要隘。两山之间壁立千仞，危石若悬，却隐藏着一块国宝级唐代石刻——袁滋题记摩崖石刻。说起这块石刻，就不得不追溯到一场战争与一个叫“袁滋”的人。

唐玄宗天宝九年（750年），南诏王阁逻凤因数度受辱于唐王朝边将，愤而兴兵反唐，与唐王朝之间爆发了两次“天宝战争”，结果唐军20万人覆没，南诏与唐室绝交，改受吐蕃之封。等到阁逻凤孙子异牟寻继位后，因深受吐蕃之苦，决心弃吐蕃而返归唐室，先后派三路使者持信并出，请求与唐修好。唐中央鉴于其诚信昭著，于是决定派使节赴云南册封其为南诏王，并赐册封金印一枚。

随后的问题是，在当时的官员们眼中，云南是山水阻隔、瘴疠横行之地，一时没有人愿意承担这项苦差。唐德宗正在苦恼之际，颇有“良吏”之风的袁滋却临危受命，踏上不可知的征程。

史书记载，唐德宗贞元十年（794年）六月，册南诏使袁滋从长安出发到成都，再经古老的五尺道线路艰苦跋涉，直至九月二十日才来到豆沙关。他见道路两旁山势险峻、危崖耸立，不免百感交集，认为是给此行题记的理想场所，于是便在路旁的岩壁上刻石纪事。刻石高约60厘米，宽约25厘米，全文八行计122字，直下左行，除“袁滋题”三字为篆书外，其余均为楷书，释文为：“大唐贞元十年九月廿日，云南宣慰使内给事俱文珍，判官刘幽严，小使吐突承璀，持节册南诏使御史中丞袁滋，副使成都少尹庞颀，判官监察御史崔佐时，同奉恩命，赴云南册蒙异牟寻为南诏。其时，节度使尚书右仆射成都尹兼御史大夫韦皋，差巡官监察御史马益，统行营兵马，开路置驿，故刊石纪之。袁滋题。”

题记完毕，短暂休息，使团继续前行，在南诏受到热情隆重的接待，袁滋也成功完成使命。自此，南诏与唐廷对抗40年之久的局面宣告结束，云南各族人民又回到祖国大家庭的怀抱中。袁滋摩崖石刻有幸成为这一重大事件的历史见证，也是唐贞元间中原、巴蜀与云南交通史的真实记录。学术界因此认为，袁滋题纪摩崖有“维国家之统、定疆域之界，鉴民族之睦、补唐书之阙，正载籍之误、留袁书之迹”六大历史价值。作为南诏与唐室友好使者的袁滋，能够不辞辛劳，完成这件统一祖国、安定边疆的大事，算得名垂青史，遗泽百代。

袁滋摩崖不仅有历史价值，在书法史上同样弥足珍视。《旧唐书》称袁滋“工篆籀书，雅有古法”；叶昌炽《语石》中也指出，袁滋与同时代的李阳冰、瞿令问鼎足而为唐代篆书三大家，但非常遗憾的是，“其碑不常见，世罕有知者”。而边陲盐津尚存的题记摩崖石刻，经当地文物工作者及昭通谢饮涧先生的保护和释读，在饱受1200多年风雨剥蚀后，字迹仍然清楚，就尤显珍贵了。

**（六）马可·波罗——第一个经过昭通的外国人**

马可·波罗（约1254～1324），意大利威尼斯人，一位最具活力的传记作家，最富争议的意大利旅行家，其足迹横跨欧亚，纵横千里，历经二十余年的壮游，开启遍及中国大地的伟大的探索之旅，既成就一个青葱少年的梦想，也给后人留下一连串的猜测。如果那本《马可波罗行纪》

无误的话，那么他无疑就是第一个经过昭通的外国人。

马可·波罗 1275 年到中国，在元政府供职达 17 年之久。1284 年，他开始神往已久的西南之行，经成都南下，渡过不里郁思河（金沙江），再西行进入缅甸，去完成大汗委托办理的国务。忽必烈曾经“元跨革囊”灭大理国，是历史上唯一到过云南的皇帝，对云南情有独钟，因此他要马可·波罗来云南考察民情风俗、物产资源和邻国他邦的奇闻轶事，以便为决策西南提供依据。公元 1287 年，他在完成忽必烈交办的任务后，自缅甸返程，途经昆明路南、陆凉（今陆良北）、南宁（今曲靖）、不鲁吉（沾益之松林）、火忽都（沾益之炎方）、沾益（今宣威）、荡坦（宣威之倘塘）、阿都（宣威之可渡）、乌撒（贵州之威宁）、结吉（今昭通）、雪山（今昭通北）、秃落蛮（今大关），然后出昭通至叙州（今宜宾）。

关于昭通地区的社会经济状况，马可·波罗在游记中说：“……有环墙之城、村甚众……此地有金甚饶，然使用海贝……其地商人甚富，而为大宗贸易。”这个简短的记载，既描绘了民众居住区的发达和人口的繁稠，同时注意到昭通盛产金铜银等金属。

《马可波罗行纪》还记载了元朝昭通居民的饮食习俗："居民以肉、乳、米为粮，用米及最好香料酿酒饮之。"参考其他文献可知，云南元明以后居住平坝地区的彝族，主要从事以种植稻谷为主的农业生产，居住山地的彝族多种植玉米、马铃薯和荞类，并大量畜养马、羊等大牲畜。肉制品的烹调方式在彝族饮食中最具特色的是"砣砣肉"，即割大块畜肉以大锅烹食之。尽管是走马观花，但马可·波罗也立刻捕捉到饮酒是云南各民族人民日常生活的重要内容。当时的酿酒技术虽不能与现在同日而语，但彝族饮酒之风却甚为炽烈。樊绰《蛮书》中描述说："每饮酒欲阑，即起前席奉觞相劝。有性所不能者，乃至起前席扼腕的颡，或挽或推，情礼之中，以此为重"。《新唐书·南诏传》也说："吹瓢笙，笙四管。酒至客前，以笙推盏劝釂"。上述两处文献所记的虽是南诏乌蛮的饮酒风习，但他们奏乐助兴、不醉不散的欢腾场面，却在乌蛮后人的彝族中代代相传。

以上关于昭通的记载，总体上应该说是一

个匆匆过客的走马观花。但对于昭通、昭通地区的历史来说，由于文献资料的匮乏，人们要么比较集中在对汉晋时期的了解，要么是对明、清以来近代的情况注意较多，而对于宋、元时期，尤其元初的历史则近乎一片空白。但是，宋、元时期恰恰是昭通历史承先启后的转折阶段。所以，马可·波罗的简短文字，为我们保存了一段13世纪昭通彝族人民生活习俗及社会经济发展的珍贵资料。

## （七）柯四先生——流落在昭通民间的文化奇才

说起昭通的人物，大名鼎鼎的柯四先生似乎不应该绕过。

在昭通民间可谓家喻户晓的柯四先生，单名一个柬字，如果不认识的读者要问此公为何许人，最简单直接地说，他就是阿凡提或者济公似人物的昭通版，是一个兼具艺术与真实的地方奇才。

这个什么人都可以随便张口就来上两段轶事的地方名人，其具体的生存时代却长期不为人所知。1986年4月间，柯柬墓碑突然在昭通城边的三棵树刘家营出现。当时到场查看的谢崇崐先生据碑考证，柯柬生年应在乾隆九年（1744 年），卒年则在嘉庆二十四年（1819 年）之后。《昭通志稿》中载："柯柬，岁贡生，文才敏捷，学使汪如洋有'文不及柯'之语，著述多散失。"这段记述十分简略，但从中依稀可知历史上的柯柬，颇擅作文，就连一省的学使大人，都自叹不如。

对于熟悉地方掌故的老人来说，柯四先生的故事三天两夜可能都讲不完。在那个没有电视甚至都还没有电灯的时代，柯四先生的故事滋养了昭通无数代围着火炉吃瓜子群众的业余生活。其中的一则故事说：

柯四先生喜欢到挑水巷的铁匠家摆龙门阵。有一天，老铁匠外出，只有小铁匠看守铺子。小铁匠看着四先生来了，知道他有用炉子上的火钳夹炭火点烟的习惯，就想作弄一下他。于是将火钳把手丢在炉子里烧烫后又拿出来放好。四先生进来，果然伸手就去拿炉子上的火钳，结果被烫得不轻，正奇怪间，见小铁匠扑哧发笑，顿时明白是小铁匠故意捣鬼。

他不动声色继续点燃烟，装模作样地与小铁匠拉家常："你家做生意赚的钱落谁的手呢？"

小铁匠说："钱落我爹的手。"四先生说："哦，记得以后钱要落自己的手，不要落你爹的手！"说完就走了。

等老铁匠回来，小铁匠就得意地把收拾柯四先生的事笑着说了一遍。老铁匠大怒："你被人家占了便宜还笑个球！"他儿子不服，老铁匠就解释："他说的意思是'钳要烙自己的手，不要烙你爹的手！'"

在另一则故事中，柯四先生担当起蔑视权贵的角色，为了调戏鸟迷的县太爷，他专门跑到县衙门口拉了一泡大便，然后扯下毡帽紧紧盖住。县太爷见到后非常奇怪，就问他在做什么？他回答说：帽子下按着一只花呢呼哨的雀子（小鸟），无法分身回家拿鸟笼来装。县官一听，心里狂喜，就对柯四先生说："这样你看行不行？我帮你按着，你回家去拿鸟笼回来装。"柯四先生站起来说："要得嘛，你要帮我看好掉哈，哪个帮雀子放走掉，就是我孙子！"转身一溜烟就跑了。县官眼看着四先生跑远，便乐滋滋地将手伸进帽子去摸，结果……

实际上，作为秀才的柯柬，其文已不为人所

知；作为话题人物的柯四先生，其故事则充满机锋，甚至可以说尖酸刻薄，即昭通方言所谓的“使雀包”。被他愚弄过的人来自各个阶层，从地方长官到底层各色人等，甚至连自家媳妇和老爹，都会成为他开玩笑的对象。有人评论说：柯四先生被闭塞的家乡困住了，没有广阔天地施展抱负，因而只好成天东游西荡，插科打诨，在潦倒中发发牢骚，过过嘴瘾！比如为了与人打赌谁认识的人多，于是提前写张“柯四先生早”的纸条贴在后背上，引得满街的人都凑拢来读，佯装自己熟人很多；双手各捧一块豆腐，在窄路上遇见女人时故意弄脱外裤，恳请人家帮忙系上，顺便赚了一回拥抱……但另外又有人说，民间传说柯四先生的故事，大多滑稽而风趣；至于那些庸俗无聊甚至低格调的部分，其实多半出于好事者添油加醋的附会，与真正的柯柬其实并无关系。

真相究竟如何，后人姑且听之言之！

### （八）李永和、蓝朝鼎——震撼西部五省的起义领导人

在鸦片战争和太平天国运动相继爆发后，大清王朝全国上下已然进入多事之秋内忧外患，财

政枯竭。即以云南地方而言，财政的依赖性原本就一直很强，结果因战争而导致“长江阻隔，铜不运京，部拨滇饷十仅一至”，加剧了滇省财政危机。同时各地自然灾害频发，农业连续歉收，粮价暴涨，民食短缺。雪上加霜的是，随后又爆发波及全省范围的杜文秀起义，内部社会危机不断加剧。

第一次鸦片战争以后，鸦片输入量逐年增加，出于抵制洋烟进口防止利益外溢的考虑，因而政府不再禁止、甚至鼓励国内鸦片种植。云南种植的鸦片因其品质优良而销往全国各地，号称“云土”，贩卖者往往获得高额利润。这就吸引滇川交界地区无以为生的破产农民、手工业者和被裁兵勇游民等，纷纷结为“烟帮”，贩运走私鸦片。为了出行安全，烟帮外出时通常由管带、队长等率领，并携有刀枪等武器，以资自卫。

1857 年以后，清政府为了筹措军饷，对鸦片实行“稍宽其禁，听商贸易”，“征收税厘”的政策。沿川滇边界层层设立关卡，对过往货物课以厘金。加之有利可图的贪官污吏，任意巧立名目，敲诈勒索中饱私囊；如遇诈取不遂，则诬良为盗，轻则逮捕入狱，重则施以酷刑甚至杀害。烟帮与官府的矛盾，因而日益加剧。当时，石达开部太平军正进军西南，杜文秀领导的滇西回民起义正在蓬勃发展。1858 年（清咸丰八年），在诸多矛盾的交织下，昭通烟帮首领李永和（民间又呼为“李短鞑鞑”）、蓝朝鼎（也叫蓝大顺），因不满官方压迫，分别在大关县的屯上和昭通靠近贵州省威宁的观音山揭竿起事。

1859 年夏，昭通烟帮中的胡登高、杨剐狗在四川宜宾被拘捕入狱，经烟帮多方营救无果，终被处决。于是，长期积压于烟帮中的对贪官污吏的愤懑便迸发出来。李永和与蓝朝鼎、蓝朝柱兄弟等乘机结盟大举，率起义群众在大关（今属盐津）牛皮寨汇合，整编扩充队伍，推李永和为首，称“顺天王”。1859 年 10 月初，李、蓝率领起义军六七百人，过老鸦滩，进入四川，连克筠连、高县、庆符，杀死庆符知县。叙府城久攻不下，又于年底占领自贡盐场，吸收盐丁灶夫，扩军至 10 万。

随后，起义军转战川西南、川西北、川东北各地，纵横驰骋 80 余州县之间，发展到数十万人，迫使清军数易其帅。1861 年，李永和进驻眉山，蓝朝鼎进攻绵阳，形成夹击成都之势。1861 年 9 月，起义军在绵阳与骆秉章决战，蓝朝鼎败退丹稷，次年 1 月在突围中牺牲。李永和曾谋与石达开会师未成，后于宜宾被俘，被害于成都。四川的起义形势转入低潮，起义军难以在四川立足，便由蓝朝柱率领，相继离开四川，转战于豫、鄂、陕边区，并与太平军陈得才部相互配合作战，在西安附近击毙清廷钦差大臣多隆阿。

1864 年夏，蓝朝柱在安康战斗中遇伏牺牲，义军余部在甘肃阶州同清军血战 9 个月，全部壮烈牺牲，标志着有数十万群众参加的持续六年之久、活动范围遍及滇川鄂陕甘五省的李蓝起义最后失败。

李永和、蓝朝鼎起义是昭通近代史上规模最大的一次起义。起义者英勇豪迈，壮烈地唱出："杀一千，吸一烟；杀一万，走一转。"他们与太平天国起义、云南回族、彝族起义一起，沉重打击了清王朝的腐朽统治。但起义本身所带来的战乱，在客观上对昭通及西部五省经济社会的发展也造成严重的破坏。

### （九）罗炳辉——“游击专家”“神行太保”

一生转战三千里，一剑曾当百万师。一位显赫的将军，其声名生前死后都震慑着对手，以致敌人不得不以掘墓凌尸的行为来求得一点心理安慰。他充满传奇色彩的军事生涯，使美国著名记者尼姆·韦尔斯在《续西行漫记》一书中赞叹说：“驰骋于全中国的战场。他是一个真正的中国人，中国历史上任何时期的中国人对他都会感到亲切。他是中国人所爱好的关帝型的英雄，是一个‘智勇双全的人物’。他往往以智谋取胜，而过后又敢于打进敌人的心窝。听他所述的诱敌故事，简直像从三国里摘出来的一样——他们自身总有一天会成为民间的英雄故事。”这位威震敌胆的将军就是罗炳辉，入选中央军委授予的当代三十六位军事家中唯一的云南籍军人。

少年时代的罗炳辉疾恶如仇，为反抗社会的不公平而投身红军队伍。在江西几次反“围剿”战争中，罗炳辉以行军神速，获得“神行太保”“罗炳飞”等美誉，周恩来也称赞罗炳辉部为“战略骑兵”。红军长征时，罗炳辉率领他的红九军团千里走单骑，成功完成掩护主力转移的任务。在蒋介石开出的“匪军各匪首擒斩赏格”中，罗炳辉以8万元的高价被列为二等“匪首”，仅次于朱、毛，与林彪、彭德怀同列，而又高于周恩来之上，可见蒋对“匪首”中能征善战者如罗炳辉等人的重视和恐惧。

抗战时期，罗炳辉辖下的新四军部队治军极严，专门制订了“梅花战术”等一整套练兵方法，他自己更是以身作则，摸爬滚打，亲做示范。新战士惊异地发现，罗师长虽然身躯胖大，但却动作矫健，疾步如飞。练劈刀，勇猛有力，一刀下去，能把十枚叠成一堆的铜板齐刷刷劈成两半；练枪法，他一把枪平端起就是一个小时，纹丝不动。“神枪手”的传说越传越奇，以致在淮南根据地曾经广泛流传过“罗师长一枪打死三个半鬼子”的故事。

1946年6月，罗炳辉因突发脑溢血而病逝军中。如今，在山东临沂华东革命烈士陵园里，有罗炳辉的高大纪念碑，上面刻有刘少奇、周恩来等领导人的题词，其中滇军同胞朱德的题词是:“革命到底，死而后已；精神不死，万古长存。”

## （十）刘平楷——云南共产主义运动的先行者

刘平楷（1902 ~ 1930），彝良县人，字履端，又名少猷、少尤、绍猷等。1902年生于彝良县角奎，在县立小学高小毕业后，1918年考入昭通省立二中求学，与姜亮夫、张希鲁等人同班，后转学昆明。1922年到北京，先后就读于国立北京美术专科学校、国立北京世界语专门学校、国际语专门学校，期间曾与王德三等人组织了云南革新社，并加入了中国共产党。

1926年，刘平楷调上海从事工人运动，参加中共南京地委工作。1927年“四一二”反革命政变后，刘平楷任中共南京地委书记，次年奉派赴武汉恢复湖北党组织，任中共湖北省委书记。年底，又以中央特派员身份前往东北工作，恢复了东北党组织，先后任中共满洲临时省委书记兼军委书记、中共满洲省委常委代理省委书记等职。此时，中共历史上赫赫有名的“四老”之一谢觉哉，还在其领导下负责宣传工作；而将来要成为国家主席的刘少奇，则于1929年7月才继刘平楷之后担任中共满洲省委书记。从这样的履历可以合理推测，如果不是因为过早牺牲的话，刘平楷将是一位在中共党史上成就大器的人物。

1929年秋，他被派回云南工作，任第一届中共云南省委常委、组织部长，在省委书记王德三赴滇南工作期间，负责处理省委日常工作。1930年5月5日，刘平楷在明知反动派正在抓捕自己的危险情况下，还冒险去通知机关人员转移，不幸被捕，于7月26日被秘密杀害，年仅28岁。现在的刘平楷烈士墓，在今昆明黑龙潭公园烈士陵园，也只留下一缕遗发。

但遗体的保存与否，对于视死如归的烈士早已不值得挂念。在生前最后写的几封信中，他只提到一个心愿：考虑到家乡文化落后，“地方的有志青年限于经济的关系不能升学，以至无书可读”，他希望父亲在为过世母亲举行葬礼时，能把一切用于端公道士的费用统统取消，省下的钱用来办一个“纪念先慈图书馆”，以作永久的纪念。严峻的形势使刘平楷预感到自己来日无多，为了这个最后心愿，他不无决绝地在给四弟的信中叮嘱说：“我愿你刻苦努力的紧随着你亲爱的哥哥向真理的途程奔去。一般无聊的人们要笑我们是书呆子也好，要骂我们不成材也好，我们不见着真理的面目，我们的努力绝不应有已时。”

实际上，刘平楷在 1922 年写的旅京日记中就写道：“富贵非吾所愿，只欲求精神上之满足，预备以后谋正大之生活耳。若力有余者，应为吾国平民援助。”他为理想社会而不惜自我牺牲的精神，早就已经跃然笔端了。

## （十一）李国柱——云南省内的第一个共产党员

李国柱（1906 ~ 1930），字剑英，巧家人，出身贫寒，一家五口靠卖土杂维生。1919 年高小毕业后，在亲戚的资助下，他以优异成绩考入昆明省立第一中学。

当时的昆明，正处于“五四”新文化运动的浪潮中，李国柱有机会在这里系统接受了《新青年》《滇潮》等进步书刊的熏陶，先后发起组织了“巧家旅省同学会”“青年努力读书会”等团体，在身边团结了一批志同道合的青年，共同讨论中国社会前途问题。尽管李国柱品学兼优，但因家庭经济困难，难以维持就读费用，不得不中途辍学。学校念其品行端正，学习成绩优良，聘他留校任图书管理员，因此而有更多的机会接触各种新思想、新文化的进步书刊。1925 年秋，省立一中建立了共青团云南省第一个支部，李国柱担任书记。

1926 年北京发生“三·一八”惨案，牺牲者中也有两名滇籍学生。各界群众于 4 月中旬在云南省议会大礼堂召开追悼大会，李国柱在会上发表沉痛的悼词，并以青年努力读书会名义写下挽联：“痛心！你们倒下去，是为革命而牺牲，走狗们竟诬陷中伤，士大夫竟用冷眼；努力！我辈站起来，要为人民而奋斗，先锋队要上前呐喊，青年们要洒热血。”掷地有声的词句，感动了现场的无数人。

1926 年，李国柱被吸收加入了中国共产党，成为云南省内第一个加入中共的人员。1927 年，中共中央选送李国柱到莫斯科中山大学学习，作为组织骨干的后备加以培养。1929 年，返国的李国柱在省临委扩大会议上被选为省临委委员，分工任团省委书记，并负责滇中、滇东、滇北地区地下党的领导工作。李国柱经常为云南省党团机关刊物撰写文章，他才华横溢，文采斐然，在其短暂的革命斗争生涯中，创作了不少战斗的诗篇，也与吴澄结下了革命的爱情。1930 年 12 月 11 日，因叛徒出卖，不幸被捕。1930 年 12 月 31 日，李国柱与妻子等人，被国民党政府杀害于昆明五华山，时年仅 24 岁。

## （十二）马冰清——滇东北妇女运动先驱

马冰清（1909 ~ 1979），曾用名马微量，新中国成立前中共首任云南省委书记王德三的妻子，盐津人。

提起盐津，熟悉掌故的人们或许马上会想起豆沙关、五尺道，天主教的云南主教公署，天文学家陈一得……但也不应忘记盐津城里的马氏三兄妹。尽管出身富商家庭，他们却在新文化运动的感召下，怀揣天下兴亡的理想，纷纷选择了投身革命。其中二兄马逸飞参加革命最早，听从组织安排打入国民党军队，后以 60 军 184 师参谋长的身份，随潘朔端一起发动了海城起义，新中国成立后出任云南省交通厅副厅长，在朱提江上修建起家乡第一座现代化石拱大桥，至今为桑梓民众称道。

三兄妹中经历最坎坷、最惨淡的，还要数三妹马冰清。马冰清自幼天生丽质，聪慧过人，在二兄马逸飞的介绍下，与中共地下党临委妇女运动负责人吴澄等结为通讯朋友，1927 年 4 月组织成立“云南妇女解放协会盐津分会”，鼓励妇女解放小脚，剪去发辫，参加爱国纪念活动，援助被虐待妇女，以实际行动同旧势力做斗争。翌年 10 月，她加入中国共产主义青年团，成为滇东北第一个团支部书记，妇女运动的先驱。

1930 年 1 月，经中共云南省委书记王德三介绍，马冰清成了中国共产党的一名党员。在协助王德三抄写文件、起草宣传稿件中，感情在不断升华，一致的信念和追求，终使他们由假扮夫妻而结为真正的革命夫妻。新婚宴尔 30 余天，王德三就离开妻子前往铁路沿线组织发动武装斗争，而这一去竟成了他们永久的诀别。

就在王德三离开昆明，马冰清深居隐蔽时，省委、团省委机关先后出现叛徒。昆明市内芭蕉巷等三处省委机关被抄，马冰清和丈夫王德三也先后被捕。敌人想从马冰清身上打开缺口，就对她进行威逼利诱。但身怀有孕的马冰清面对淫威恐吓，视死如归，两个多月审讯，让当局始终一无所获，最终判处马冰清七年零两个月徒刑。无尽的折磨摧残，并没有使她屈服，她利用放风和看守不严的机会，秘密联络狱中战友，讲故事，教识字，宣讲革命道理。以一曲《铁窗风味歌》，激励战友把牢笼坐穿。

1930 年 12 月 31 日，王德三等省委主要领导人在昆明地台就义，几天后，他们的结晶也在牢房中诞生。亲人牺牲，孩子降临，马冰清遭受难以想象的打击，但千回百转，仍不改初心。此后，不管是祥云小学讲台宣传红军，昆明多方寻找组织，昭通坚持妇女运动和教育工作，从来都兢兢业业。1947 年，朱家璧从延安返回云南工作，给她捎来周恩来副主席的 50 元钱。周恩来指示朱家璧：王德三、李鑫是我们党的好同志，他们牺牲得很英勇，你从我这里带 100 元钱回去，分送给他们二人的家属，表示党对她们的关怀。

新中国成立后，马冰清历任昭通县第一小学校长、昭通师范总务主任等职，并当选昭通县政协委员、县人民代表。不幸的是，在没有任何相关言论的情况下，却在 1957 年风云突变的反右运动中被错划为“坏分子”，随后遭受开除公职、基本生活费不予保留等不公平待遇。此后虽经无数次申诉，但直到1979年10月弥留之际，才经家人多方努力，得以平反，“含笑冥冥”。

**（十三）龙云——支柱南滇十八载的“云南王”**

1884年11月19日，龙云生于昭通炎山区松乐村下营盘一户姓纳吉的黑彝家庭。因父亲早逝，家境沦落，龙云由舅父抚养长大。12岁时到昭通名儒萧瑞麟家的私塾发蒙读书，无奈龙云自幼喜爱武术，对《三字经》《千字文》还无法提起兴趣，于是与后来并称为“昭通三剑客”的卢汉、邹若衡一起，流浪于金沙江两岸地区，一边做点山货、木材生意，一边寻访江湖武师学习拳法。

1912年中华民国成立，龙云经人推荐，考入云南陆军讲武堂第四期骑兵科学习。龙云的一生充满传奇色彩，而讲武堂时期最“出名”的故事，当数击败法国大力士一举成名的桥段。这一事件经过不断的艺术加工，成为讲龙云历史的人津津乐道的必谈节目。

1916年护国战争爆发后，龙云被调任唐继尧都督府侍从副官，此后十余年跟随唐继尧形影不离，地位也节节升高，在历经战场的枪林弹雨和政治的刀光剑影之后，最终于 1928 年 1 月登上了云南省主席的宝座。

完成云南统一后的龙云，用实际行动向世人显示，他绝不是只会打仗的一介武夫，也是能搞建设的省主席。在建设“新云南”的大目标下，他从政治、军事、经济、文化、教育、交通等诸多方面实行了一系列的整顿和改革，对东南亚各国亦采取开放政策。这些措施收到了相当好的成效，使地处边疆的云南成为民国动荡年代一个引人注目的省份，也为抗战坚定大后方奠定了基础。

1937 年抗战军兴，龙云赴南京参加国防会议。会上，龙云慷慨陈词：“当尽以地方所有之人力财力，贡献国家，牺牲一切，奋斗到底，俾期挽救危亡”，“不流血，不牺牲，绝不能求得民族的自由平等。”

龙云在抗战中居功甚伟，尤以两事名垂青史：其一是在八年抗战中，组织滇军 20 余万人奔赴抗日前线，参加了包括“台儿庄战役”等二十多次战役，同时云南在抗战末期成为重要的兵源提供地，为抗战胜利做出巨大贡献；其二便是主动请命，提出《建设滇缅公路和滇缅铁路的计划》，打通战时安全的国际运输大动脉。毕竟在抗战的第一年里，中国主要的大城市，95%的工业，50%的人口，中国沿海几乎所有的港口，先后落入日军之手。战争变成了长期消耗，通过滇缅公路以保持国际援华物资进入中国，立刻成了全国关注的焦点。

然而，直到1923年，它不过是一条稍微有点样子的羊肠小道，穿山越岭，跨涧过河，连接着一块块坝子和一座座不知道机动车为何物的村寨。截止到抗战前的1935年，这条公路一直在缓慢地延伸，时修时停，16万中国民工花了12年的时间，才在昆明至下关间崇山峻岭中开辟出一条全长4.6公里且只能单线行驶的土毛路。剩余数百公里公路经过的80%的路段，都是崇山峻岭，要翻越高黎贡山、怒山、云岭等横断山系，跨越澜沧江、怒江两大峡谷，按原先施工的时间，那将又是一个12年。

战争改写了这条路的历史。龙云给沿线县长都送去了一封鸡毛信，逾期不能完成者，县长将自带手铐，接受惩处。于是，世界上最悲壮的一支筑路大军形成了。公路沿线近30个县约20万各族劳工，摆开一条长达千余里的“人路”，绝大部分还是老人、妇女和孩子，因为青壮年多已开赴前线参加抗战。由于严重缺乏施工机械，劳工们只能用自己的双手来修筑这条世界最崎岖、长达上千公里的公路，还要克服江水暴涨、蚊疟肆行等困难。一些人死了，另一些人马上替补进来。1938 年 8 月下旬，滇缅公路仅用 9 个月的时间便提前通车。

据统计，从 1938 年到 1945 年抗战结束，从这条路运入中国的物资共约 49 万余吨，其中包括油料 20 多万吨，武器弹药、药品、交通通讯器材等 20 万吨。今天我们已经难以想象，如果没有滇缅公路，中国抗战的历史将会如何书写。滇缅公路，这条穿过了中国最坚硬的山区，跨越了中国最湍急的河流，蜿蜒上千公里的运输干道，对于中华民族的生存是一条不折不扣的生命线。在西方人的眼中，滇缅公路是一条“用手指抠出来的公路”，“中国第二个万里长城一样的奇迹”。美国报纸更把滇缅公路与巴拿马运河工程相媲美，驻华大使詹森在向罗斯福总统汇报中惊叹：“滇缅公路工程浩大，全赖沿途人民的艰辛耐劳精神，这种精神是全世界任何民族所不及的。”

如今，这条公路早已易名，但在抗战史册上，这条路永远和龙云的名字铭刻在了一起。

## （十四）卢汉——擘划云南和平起义的末代省主席

提起“云南王”，大家首先会想到的人物是龙云。而在龙云离开昆明后，卢汉继任云南省主席，所以卢汉是继蔡锷、唐继尧、龙云之后的第四代“云南王”，其实也是民国38年时间里的最后一代“云南王”。

相比于强势的龙云，卢汉一生谨慎而低调，早期的他似乎也乐于隐身在龙云的光环外，默默地南征北战，给外间维持一种两人间并肩作战的表兄弟加战友的关系，也是云南政坛难分彼此的男一号男二号。实际上，卢汉与龙云间既有合作，也不缺少摩擦与矛盾，他们的关系复杂而又微妙。直到龙云被驱逐出云南之后，卢汉才顺势登上云南的权力之巅，而此时的国民党政权，恰是风雨飘摇大厦将倾的时节，此前不过多显山露水的卢汉，游走于各方势力之间，用自己的智慧和谋略，成功地谋划了云南起义，最终投向了新政权。

1948年底，卢汉就对秘书说：“我们都坐在国民党这只船上，由于这只船的管理人员太不行、太坏，使这只船经不起大风大浪的冲击，眼看就要沉没了。不过，它既是一只大船，不是一下子就沉下水去，还得慢慢地沉。沉是注定的了。问题是坐在船上的人各自怎么办。”

察觉异样的国民党开始秘密布置：军统局的沈醉在卢汉宅邸附近布置暗哨，对卢家行踪及来往人员作全天候监视，一旦发现卢汉有变，绑架或暗杀都有可能；中央军两个军布防于昆明附近，构成对云南地方政府的武力牵制；放心不下的蒋介石也于1949年8月24日特地由台湾飞重庆，电召卢汉相晤，恩威并施。

另一方面，中共地下党通过各种渠道不断对卢汉施加压力，开展统战工作；滇军将领又在东北先后打响海城起义、长春起义的信号弹；远在香港的龙云，更是急切催促卢汉加快脚步……只有卢汉最清楚自己的处境，他需要等待时机。

12月9日，卢汉在公馆大宴宾客，宴请驻昆明的国内外政要，卢家门前车水马龙，第26军军长余程万、第8军军长李弥、军统局云南站站长沈醉等，均如约而来。但卢汉一直没有出现，众人等来的却是缴械软禁。卢汉自己却从后门上了五华山，于当夜22点正式宣布云南起义。

蒋介石获悉消息后，于次日在成都机场黯然登机，自此永远离开了大陆。

## （十五）张开儒——孙中山大元帅府的参谋总长

清末民初大动荡的中国，可谓“非常时期必待非常之人”，时代为有准备的人提供了不可多求的机遇。“少有大志”的巧家人张开儒，和当时许多有志有为的青年才俊一样，充分把握住时机，顺势而上，最终让自己成为一代风云人物。

张开儒，1869年出生在一个小商贩家中。十岁入塾读书，1885年中秀才，后在家乡开馆教学。由于受当地地主的欺凌，被迫背井离乡，长途跋涉到昆明五华书院求学，是院中最贫困而又最勤奋的学生。

时值国家内忧外患，抱定救国理想的张开儒认为，文化学习并非解决中国混乱所急需，于是进入武备学堂，习兵学。1904年，他和李根源、唐继尧等一起选送日本，先后入振武学校和士官学校学习陆军。张开儒在东京加入孙中山创立的同盟会，受蓬勃发展的革命思潮熏陶，开始早期的民主革命活动。

1908年，张开儒学成归国，担任云南陆军讲武堂的提调，这是讲武堂仅次于总办、监督之下的第三把手。在讲武堂期间，他积极从事革命活动；深入学生宣传反清革命思想，发展同盟会员，朱德即是受其影响的学生之一。1911年10月30日，昆明新军响应武昌，发动了重九起义。张开儒率讲武堂学生打开城门，配合城外起义军共同占领总督衙门，奠定云南起义的大局。

1915年12月，云南打响护国首义第一枪，张开儒所部被编为护国第二军第一梯团，张为梯团长，在司令李烈钧指挥下，向两广进军。次年袁世凯死，护国战争也宣告结束。1917年6月，孙中山掀起进行护法运动，自任护法军政府海陆军大元帅，并特任张开儒为陆军总长。但由于遭到南北军阀的共同抵制，护法工作无法开展。张开儒积极奔走呼号，要求各省速兴义师，拥护孙中山的革命主张。他的行动受到孙中山的高度评价，也招致滇桂实力人物的排挤。唐继尧密令改组驻粤滇军，撤去张的职务，部队被李根源强行接管，护法运动失败。

1923 年 2 月，孙中山在广州重建大元帅府，开儒被任命为参谋总长。同年 10 月，孙中山委派张为大本营参军长，陆军上将军衔。但由于积劳成疾，他只能先澳门、后又回昆明定居。

晚年张开儒看破政治的黑暗，虽被推举为云南省政府高等顾问，但却闭门潜修佛学，直到 1935 年去世。

### （十六）禄国藩——云南辛亥革命的元老

禄国藩（1884—1972），一位出身彝良黑彝的辛亥革命名将，其早年经历与张开儒颇多相似之处：科举之途同样一波三折，同样受“维新变革之风”影响而赴日本留学，同样因内忧外患而弃文从武，同样受孙中山影响而加入同盟会，同样在毕业后返回昆明新军，同样在军队中和其他同盟会员一起宣传反清革命，同样为云南辛亥革命而冲锋陷阵……

禄国藩其实原名陇高耀，是彝良龙海红岩村田坝人。因 7 岁时过继给姨母禄氏，因从禄姓而改名。他 14 岁就读于昭通凤池书院，后求学东瀛并加入同盟会，1910 年自日本东斌陆军步兵专科学校毕业后回滇，1911 年参加推翻清朝在云南统治的“重九起义”。禄国藩身先士卒，与清军白刃肉搏，攻下了总督府，因功任云南军政府警卫副大队长等职。

1915 年 12 月 25 日，唐继尧、蔡锷、李烈钧等人通电全国，声讨袁世凯复辟帝制的活动，宣布云南独立，组织护国军北伐。禄国藩为蔡锷第一军第三梯团第五支队长，与担任第六支队长的朱德是并肩战斗的同志。1916 年 2 月 19 日，禄国藩、朱德两支队在叙府棉花坡与袁军苦战数日，由于袁军占尽兵力优势，因而不管滇军如何奋力搏杀，但双方仍互有进退，形成拉锯状态，伤亡都极为惨重。蔡锷事后曾评论说：“此三期之巨战，实吾国自有枪炮后之第一战也。”6 月 6 日，袁世凯病死，袁军北撤，禄国藩不久也因病辞职返滇。

对于禄国藩这样的职业军人来说，百战沙场并非难事，而政治折冲则更多几分无奈。1917 年，孙中山发起护法运动。唐继尧因政见不同，加之想做“东大陆主人”的野心膨胀，拒不与孙合作，自己另组“靖国军”，向四川进行军事扩张，导致川滇黔军之间连续发生混战，民不聊生，怨声载道。此时在靖国滇军总司令部任职的禄国藩，以幕僚的身份，累向唐继尧犯颜直谏，劝其撤回滇军，与川和解，与民休养生息。唐继尧均拒而不纳，反恼羞成怒，将禄国藩等人解除职务。

全面抗战爆发后，禄国藩又受龙云委托，主持修筑滇缅公路，成就了滇缅公路建设史的辉煌。事后，他继任云南宪兵司令、防空司令兼昆明警备司令。为了配合龙云将昆明打造为“民主堡垒”的意图，他尽其所能地保护中共党员和民主进步人士，支持抗日民主运动。为此也得罪了蒋介石中央。在龙云被强行离滇后，他自然受到株连，被再次撤职罢官，监视居住。

禄国藩一生仕途变换频繁，但在其位而谋其政，淡然审视眼前风云变幻，反而得享高寿，是云南辛亥元老中仕途最久（60余年）也最高寿（88岁）的老人。

## （十七）龚自知——云南现代教育的先行者

提起民国时期的云南教育，龚自知是绝对绕不过去的人物，他曾两度出任云南省的教育厅长，为云南教育的发展做出了突出的贡献。

龚自知(1894～1967),字仲钧,大关翠华人。1913年考入云南法政学堂，同年9月保送考入北京大学文科预科班。1917年毕业回到昆明后，以《新青年》为榜样，创办《尚志》杂志，并得章太炎亲自为杂志题名。这份杂志转载过李大钊《鲍尔什维主义之胜利》，算得上云南最早介绍马克思主义的刊物。

1920年5月，龚自知主编《民觉日报》。由于当时唐继尧连年用兵,军费浩繁,弄得民不聊生。初生牛犊的龚自知，便在《民觉日报》自撰和转载了《英雄政治下面的平民政治》等多篇时评，矛头直指唐氏所为。结果唐继尧被激怒，派人到报社“黑打”，龚双手被打断，出版仅17天的《民觉日报》只得停刊。不过这次被殴打事件，使龚自知因祸得福地树立了在云南的名望，唐也佯装“震怒”，撤销有关官员的职务。据某些渠道说法，被唐继尧派充打手的人，正是龙云。两人不打不相识，自此结下不解之缘。1928年起，他担任龙云的省政府秘书长，长期为龙云出谋划策，上以应付国民党中央政府，下则巩固龙云集团在云南的统治。

不过相比较来说，教育才是龚自知真正安身立命的行当。1922 年，龚自知被任命为昆明市政公所教育课课长，在云南试行义务教育，因成绩卓有成效，便于 1929 年起出任省教育厅长，推动教育立法，争取并实现教育经费独立，重点发展师范教育、民族教育、民众教育。他提出建立学校的预算制度和会计制度，对教育经费的管理使用制定了严密的措施。

为了保障教育经费的使用，经过他多方筹措，云南全省教育经费每年均有二三成增收，在 1929 至 1941 年的 12 年间，共增加 3.7 倍。龚自知用教育专款在昆明大西门外筹建一个比较集中的学校区，先后建立了农、工、中、师四个中等学校，并以龙云名义创办 1 所从小学到高中的私立南菁学校，打造为昆明片区知名的优质学校。此外，从云南少数民族众多、汉族文化基础比较落后的实际出发，龚自知很重视民族教育。在他的参与和主持下，1931 年颁布了《云南省政府实施边地教育办法纲要》，积极推进民族教育。他还广泛听取改进推进教育计划的意见，并编辑出版定期刊物《云南教育半月刊》，加强教育宣传工作。

1949年12月云南起义前夕，龚自知赴香港，登报声明脱离国民党，协助龙云策动云南起义。卢汉云南起义通电的初稿，即由龚自知连夜起草，经多方征求意见之后修改，转发北京，从而揭开云南历史新的一页。

新中国成立后，他历任云南军政委员会委员、省人民政府委员、副主席、副省长等职。在1957年全国整风运动中，他直言无忌的毛病再犯，发言表示对“一方面大丰收，一方面饿死人”的现象不能理解，结果他为此付出代价，被划为了“右派”。1979年，云南省政府在他去世12年后，宣布恢复其政治名誉。

## （十八）张邦翰——云南最高学府的建筑设计家

1946年，被《不列颠百科全书》列为中国15所世界著名大学之一的云南大学，其标志性建筑之一的会泽院，落成于1924年。是仿法式建筑，“采中西法式，存古而不泥于古，尚新而不专骛于新”。楼体呈“H”形，四周墙体、窗沿均用白色条石镶嵌，与驼红色砖墙构成古朴大方的外观，正门前的平台上立四棵希腊多粒克式圆柱，更添雄浑气魄。

稳重威仪的会泽楼与正门下因势而筑的九十五级条石台阶（暗含唐继尧“九五至尊”的愿望）相互映衬，使整体建筑更加庄严肃穆，气势非凡。1935年，蒋介石坐镇云南围堵红军时，和宋美龄就住在此楼的二楼。数十年来，大楼除换了门窗和地板之外，其余均基本保存原样。而这座百年大楼的设计者，正是先后留学法、比、瑞的镇雄人——张邦翰。

20世纪初年，云南掀起第一次留学高潮，但因考虑成本等因素，留学生们主要选择奔赴日本。直到张邦翰等三人选派赴比利时学习建筑，才成为云南留学欧美的开始。

但张邦翰的人生简历，却并非今天人们理解的“海归”那么简单。1905年在云南高等学堂学习的张邦翰，因成绩优良而被选送法属越南巴维学堂留学。次年他就在河内加入了同盟会，追随孙中山奔走于南洋群岛及香港、澳门之间，先后为多家革命报刊担任主笔，宣传革命，并参加镇南关河口起义。起义失败后，孙中山以张邦翰“年轻志锐”，派他继续留学欧洲。1909年，张到法国巴黎求学，随后又到比利时首都布鲁塞尔研习建筑。当时法国外交部一份绝密情报准确地分析说：张邦翰是巴维学校校友中“最有才华的”青年，如果中国革命党获得胜利，他“肯定将在中国发挥重要作用”。

1920年张邦翰回滇，先后被唐继尧任命为云南耀龙电灯厂工程师、无线电报局长、航空学校教官、云南大学筹备委员等职务。1927年，张去南京向蒋介石陈述滇事。被国民党中央党部派回云南，任党务指导委员会委员，筹办党务，自此成为CC派重要人物。1928年，张任云南省政府委员兼外交部特派交涉员，并先后兼任建设、民政、外交厅厅长。1945年10月，龙云被蒋介石用武力调离云南后，卢汉任省主席，张邦翰因与蒋中央的深厚关系，被指定出任民政厅长，与卢汉事事掣肘，独揽大权。卢汉为此感叹：“拔了一个铜钉，换上一个铁钉”，以后寻机申请，才免去张在云南的职务。

1947年闲居昆明的张邦翰，热衷慈善，对在省城就学的镇雄籍学生，常予资助；他还出售私人园宅余屋，设立慈善医院，聘请留法医师为人治病，此医院成为后来43医院的前身。

1949年后，张赴美与长子同住，其子为孙中山的孙女婿。

### （十九）张维翰——民国时期昆明市政的设计师

张维翰（1886—1979），字季勋，大关人，毕业于云南法政学堂，早年曾任蔡锷秘书。1912年在上海面见孙中山，加入国民党。1914年任个旧县知事，1915年底参加护国运动，在率众抵御袁世凯系的粤督龙济光部进攻时，身负重伤。

1922年8月，云南省政府正式设置昆明市，也是当时云南全省唯一的一个市，张维翰被委任为第一任昆明市政公所督办，名称略显拗口，但其实就是后来的昆明市长。市长上任伊始，昆明的市政建设问题成了头等大事。为了备好这门新课，张维翰三度赴日本，考察日本全国都市行政及关东大地震的震后重建状况，完成《都市计划》《法制要论》《行政法精义》《地方自治实务》《田园都市》等著作。其中一篇《都市美化运动与都市艺术》，显示作者对城市规划颇具匠心。考察归来后，他便重新规划了昆明城市布局。由于财力所限，他首先选择从今天正义路与南屏街、东风西路交汇的南城中心商业区开始着手改建，主持翻修了昆明城内近日楼、大观楼等闻名的名胜古迹，拓修近日公园、地藏寺公园，分置菜市、食馆、浴场、车店之属，使市内公用设施应有尽有。新的环形马路廓然壮观，公园花香袭人，城市面貌焕然一新。张维翰还励精图治，率先在昆明市内普及国民教育，使昆明的小学教育普及率成为全省之首。

1927 年，云南省发生四军长内讧，各方激战于滇黔边境达数月之久，张维翰督率警民维持治安，由于措施得当，使市民未受影响，受到民众赞誉。1928 年 1 月，张维翰被任命为云南省政府委员兼外交部驻滇特派外交员。同年 11 月，他奉派参与废除中法不平等条约的谈判。历时一年多的改订《中法越南条约》谈判，经他据理力争，法国人最终不得不修改了旧条约中的诸多不平等条款。新约签订后，张维翰返滇，昆明市民数千人齐集火车站迎接，盛况空前。市民代表致词说："先生废约一事立下大功，为市民所敬仰。"

1928 年龙云任省主席后，张维翰被委以重用，出任民政厅长。由于张维翰被认为是唐继尧旧部，遂招致卢汉等新滇军将领的嫌恶。1930年3月，卢汉等4师长发动针对龙云的兵变，提出“清君侧”，矛头所向，张维翰即是其中之一。虽然兵变失败张维翰依然保持了民政厅长的地位，但该事件还是让他对云南政务心生厌倦，于是于次年辞职，脱离滇系，转到国民政府中央任职。

1950年后，张维翰寓居台湾，历任国民党监察院副院长、代理监察院院长等要职。他晚年潜心佛学，同时写下大量思念故园的诗歌。为此还兼任中华学术院诗学研究所所长、传统诗学会名誉理事长、诗经研究会名誉理事长、中国孔孟学会监事、船山学会监事等社会职务。在九十高龄时，仍不忘桑梓，将家乡的《大关县志》逐卷审阅，增修完善，最终付梓出版。

张维翰不仅精通中国传统文化，对建筑也有研究。在昆明期间，他运用自学的建筑学知识，精心在北门街北仓坡顶设计了“螺翠山庄”，并聘请昆明能工巧匠建成闻名的“螺翠山庄”。山庄清幽恬静，造型典雅，别具一格，“螺峰绕翠”也因而成为昆明十景之一，曾被拍照编入20世纪40年代《中国大观》画册内，与苏州园林齐名于海内外。

1979年9月，张维翰在台湾逝世，享年93岁。

## （二十）陆崇仁——民国云南的“财神爷”

陆崇仁（1887～1951），字子安，巧家县荞麦地彝族。民国初在云南政法学校毕业后，分配到镇雄县任基层的承审员，此时丝毫都看不出“财”运的痕迹。但自从1920年经人介绍与龙云相识后，人生轨迹彻底改变。龙云任第5军军长，陆便任第5军军法处处长；1927年龙云执掌云南政权，陆崇仁便代理云南省财政厅厅长。龙云主政云南18年，而陆崇仁任财政厅长就长达14年，几乎与龙云的任期相始终，是民国时期云南地地道道的“财神爷”。

换个角度看，能在如此长时期内将财政大权置于一人之手，不难明白此人在龙云心目中具有何等重要的地位。以至于1945年蒋介石逼龙云下台时，提出云南政治改组的5项措施，除第一条是免去龙云在云南省的本兼各职之外，第二条就单独指向陆崇仁。不仅免去职务，而且即使他已闲居昆明，身染重病，蒋介石电召至重庆派医生多次检查，仍不放心，直到亲眼见其步履维艰，语无伦次，确系重病无疑，才放回昆明。

陆崇仁算得上是龙云的一个能臣。云南财政向来收不抵支，在前清时期，就必须仰赖各省协款方能维持。进入民国之后，一方面龙云要建设新云南；另一方面抗战军兴，云南成了大后方还加“前方”，条条蛇都咬人，哪碗饭都要花钱。为了增加财政收入，陆崇仁采取若干措施，整顿税收：各地税务人员由委任改为招商投标，谁投标金额高就委任谁为税收委员；设立云南特种消费税、新办特种营业税、房地产契税、印花税等；清丈全省耕地，收田地执照费新滇币 1000 万元左右，未清丈前田赋年收入约新滇币 130 万元，清丈后增至 280 万元。烟禁：组织“特货”统运处，陆自任处长，鸦片统购统销，对外由政府垄断出口，对内由政府强行收购，不准私人染指。金融流通：创办兴文、劝业、矿业、侨民银公司等银行，由兴文银行代理省金库。财政厅的收入款项存入兴文银行，其他银行以兴文银行为后盾，囤积紧缺物资，垄断市场。通过一系列手段，云南财政收入最高年约 3000 万元，收支两抵，年有盈余。

财神爷做了 14 年，掌控全省税赋大权，可谓长在河边走，哪能不湿鞋，何况陆崇仁是个欲望太多的人！他在昆明太和街、金碧路、圆通街广置地产，在昆明西山、安宁、一平浪等地均有规模宏大的别墅。陆崇仁与龙云内弟李天培在高峣各筑行宫，门庭相望，时人曾作对联一副："不培天良，卖官鬻爵颜胡厚；罔崇仁政，横征暴敛心何安？"将陆（字子安）、李（字子厚）二人名号巧妙嵌入，然后在李天培大门上横批："斯谓厚矣"，在陆崇仁大门上横批："于汝安乎"，表达对其贪污腐败的深恶痛绝。以至于刚从重庆放归昆明，云南省议会就弹劾陆崇仁田粮舞弊，迫使他离开昆明，先移居上海，后逃往香港，1951 年最终客死异乡。

但历史人物注定有复杂的多面。发迹后的陆崇仁，对桑梓文化极为关切。例如：委托巧家县长汤祚编纂《巧家县志》，定稿后捐资印制 100 部，分送有关单位、学校和私人存阅；购买《四部丛刊》《万有文库》《小学生文库》等图书，捐赠巧家县立民众教育馆和小学；捐款建立巧家第一家公立医疗卫生机构——巧家县卫生院；向民众教育馆捐赠巧家第一套收扩音设备；两次捐款新滇币10余万，修建巧家县立崇仁中学（今巧家一中前身）；于昆明报国街双龙巷购买房产一院，捐作巧家旅昆学生住宿和集会之地；其子陆开文回老家修建住房和祖墓，购有骡马驮运砖瓦木石，工程竣工后，将全部骡马变卖捐赠给荞麦地小学作学校经费等等。当后人重拾往事，崇仁也因此而积德。

## （二十一）曾泽生——长春起义中走出来的共和国中将

曾泽生（1902～1973），云南永善人。早年入滇军，曾就读于云南讲武堂。1925年入黄埔军校第三期学生队。1928年毕业于黄埔军校高级班军事科。毕业后回到云南，长期在龙云部任职。历任连长、营长、团长、旅长等职。抗日战争爆发后，先后升任国民党第60军第184师师长和第60军军长。曾率部参加了台儿庄会战、武汉会战和赣北对日作战等。1945年8月，从云南蒙自、屏边地区率部赴越南接受日军投降。1946年4月，率部从越南的海防港直接开拔来到东北，参加反共内战。历任国民党东北第四“绥靖”区副司令、吉林守备军司令兼第60军军长，驻守长春。

1948年9月12日，东北野战军发起了声势浩大的辽沈战役。此时，蒋介石命令国民党东北"剿总"副总司令兼第1兵团司令官郑洞国，率其嫡系新编第7军和曾泽生的第60军共6个师固守长春，以策应其南线的作战。

辽沈战役开始后，东北野战军根据中共中央军委和毛泽东关于封闭蒋军在东北加以各个歼灭的战略方针，以主力南下北宁线，置沈阳、长春两敌于不顾，首先攻克锦州，并决定对长春采取"长围久困，展开政治攻势、经济斗争，使其粮弹俱困，人心动摇时再攻"的方针。由于人民解放军对国民党守军实施严密封锁、长围久困，更由于孤城长春给养奇缺，造成了守军内部嫡系与杂牌之间的严重矛盾，使其军心涣散，反蒋厌战情绪与逃亡投诚与日俱增。

作为滇军60军的装备、配给都比蒋介石嫡系部队差很多，车辆也少得可怜，几经与上方交涉，全军才获得轿车一辆，吉普车3辆，临近报废的卡车4辆。而食品的配给与新七军相比却更为苛刻，到1948年10月长春被围的后期，60军的食品供给已濒临绝境，连麸子掺豆饼都不能保证，许多士兵也只能靠挖野菜喝稀粥活命，而此时的新七军仍然还有大米吃。也许正因这些补给上的差异和不公，后来反倒促成了60军的起义，全军毫无怨言地一夜之间倒向了东北解放军。

10月15日，人民解放军一举攻克锦州，并全歼其守军。这一消息严重震动了已被长困久围，陷入绝望状态的长春守军。此时，蒋介石仓皇飞抵沈阳督战，并派飞机向长春空投其“手令”，命令郑洞国和曾泽生率部立即突围南逃，否则即以违抗命令论罪受到严厉军纪制裁。但是，此时的长春已处于人民解放军的重重包围之中。第60军军长曾泽生在“突围无望，固守待歼”之际，于10月17日毅然宣布起义，率部退出长春，待命改编。并引导解放军进入其东城守备区。

曾泽生的长春起义，在战略决战的关键时刻，带领“云南健儿走上光明之路，使具有现代化防御体系的长春兵不血刃，开创了在解放战争中国民党军整军起义、和平解放大城市的先例。对进一步瓦解国民党军、解放沈阳、夺取辽沈战役全面胜利，加速解放战争在全国胜利的进程，具有重要意义。” 也使后来长春在兵不血刃的情况下宣告解放，创造了人民解放军实行长困久围，不攻而破大城市的一个典型范例。

## （二十二）潘朔端——新中国昆明的首任市长

潘朔端（1901 ~ 1978），原名潘夔，字孝源，威信长安乡潘家山人，1925 年考入黄埔军校第四期，与林彪为同学。在黄埔时期，潘朔端就表现出浓厚的红色倾向，为此导致长期仕途坎坷。

在他一生的人生旅途，曾经历三个重要时刻，其一即是抗日战争。时任第六十军团长的潘朔端，在台儿庄战役中带领先头部队奋勇杀敌，裹伤指挥作战，坚守阵地至后续部队到达，立下战功，被国民政府授予一级宝鼎勋章。伤愈又返回前线，参加过此后的武汉会战、长沙会战等大战役。

一举将潘朔端推向历史前沿的，还是 1946 年 5 月 31 日。这一天他毅然率所部滇军 184 师在辽宁海城起义，投下东北蒋军溃败的第一块多米诺骨牌，从此长春起义、东北解放等一发不可收拾，因而被朱德总司令赞誉为“揭和平之义旗，张滇军之荣誉”。

投身解放军阵营的潘朔端，历任嫩江军区副司令员等职。为配合对家乡云南的管理，他又调4野12兵团任副参谋长，于1949年随陈赓、宋任穷大军南下，进驻昆明。1950年3月28日，昆明市人民政府成立，潘朔端被任命为首任市长，而且一任就是二十余年。

在任职期间，潘朔端十分重视昆明的城市建设。他就极富远见地提出要把昆明建成旅游城市，指示园林局制订出园林规划方案。于是，昆明城发生了相应的变化：圆通公园内设立了动物园；西山从太华寺到龙门，建了公路栏杆；翠湖公园有了围栏；城市绿化，除各单位要在房前屋后、街道两旁植树、栽花、种草之外，东风路、人民路、北京路等主要街道种植银桦和桉树，南屏街、金碧路、拓东路则种植法国梧桐。

城建大事有功，生活小事也处处体现新市长的用心。1958年，潘朔端到北京开会，看到北京居民用蜂窝煤灶，便想到昆明居民劈柴烧饭的困难。于是他就自己掏钱买了一套炉灶和蜂窝煤，搭飞机运回昆明，交给有关部门试制推广，方便了市民生活。这个不起眼的小片断，在锅碗瓢盆与红红的炉火交映下，融入昆明居民数十年的生活记忆里。

潘朔端任市长20多年，处处严于律己。一次，他爱人生病，要转去郊区医院治疗，正碰上他下乡，才顺路给搭了一段车。但到了通向医院的岔路口，他就叫停车，让妻子带5岁的孩子走路去8公里外的医院。最后母子俩硬是走了4个多小时，歇了10多次。女儿要结婚，因无房而不得不多次推迟婚期。后来，机关分给他女儿一个小套间，他得知消息后硬让女儿交回钥匙，将套间换成单间。

如今，随着城市建设的日新月异，银桦和梧桐都慢慢退出了昆明街道，但在老昆明人的心里，它们仍然是城市难以忘怀的记忆。

### （二十三）李耀庭——名震宇内的“西南首富”

到过重庆的人都知道，重庆市中区有个鹅岭公园，它就如同昭通的清官亭一样家喻户晓。说起公园的来历，却是昭通人李耀庭的两个儿子，花巨资建成为他颐养天年的私家园林——因主人自持“生而好礼”，故名之“礼园”。园内建筑错落有致，清幽高雅，各种陈设情趣盎然。因而在竣工后，引得重庆官绅、名流及各界头面人物，纷纷前来道贺观赏，风景之美，甲于重庆。

李耀庭（1836 ~ 1912），原名正荣，昭通府恩安县人。1856 年，云南爆发杜文秀起义，清政府急调军队和团练入滇镇压。李耀庭率领乡勇，参加迤东一带战斗，因作战有功，获得候补县官功禄，改捐郎中，封孝义大夫。此后，李耀庭弃军从商，与人合伙开设“荣茂公”商号，做起马帮生意：把云南的茶叶、烟土、杂货运到叙府（宜宾），又将四川的食盐运回云南销售。苦心经营了十多年，却因时局动荡，业务亏损，只得于 1880 年到重庆投靠“天顺祥”票号的王兴斋。

王兴斋赞赏李耀庭的精明练达，委任李耀庭为重庆分号的管事；李耀庭也不负众望，很快在山西票号垄断的重庆汇兑市场打出了一片天地，分号很快成为“天顺祥”的业务指挥中心。以乔家为头领的“北帮票号”被挤出重庆，也给李耀庭业务开展带来了新的机遇。天顺祥在清同治、光绪年间达到极盛，在全国 18 省中的 15 个省建立起分号，香港、越南都设立代理处。“天顺祥”跃升为南帮票号之首，李耀庭因此分得巨额红利，同时其独资自营的“祥发公”亦发展成为川东最大的盐号，使其成为西南首富。

受欧风美雨的影响，积攒下不少资金的李耀庭便由商到工，发展实业。在李湛阳、李龢阳两个儿子的帮助下，先后设立顺昌公司，开挖油井以“抵制洋油”，开通风气；创办烛川电灯公司，点亮重庆的第一盏电灯；开办川江轮船公司，以维护川江航权；投资锦和丝厂，涉足丝纺业……李耀庭的名字，也随之走出重庆，在整个西南无人不知，无人不晓。清末重庆成立商会，李耀庭众望所归，被推举为重庆商务总会首任总理。

李氏家族生意场是把好手，对政治变化的嗅觉同样敏感。两个儿子均在父亲李耀庭支持下参与了辛亥革命。李湛阳在四川保路风潮发生后，受端方委托扩募新兵，他却趁此机会吸收大批同盟会员加入，充任中下级军官，控制了这支队伍，最终不放一枪一弹，让重庆得到反正。人们推李湛阳为都督，他坚辞不受，退而任军政府的财政部长。三子李龢阳，在留学日本时结识孙中山并参加同盟会。1915 年，孙中山在上海发起反袁“二次革命”的“肇和舰”起义需筹集经费，李龢阳慷慨捐助 3 万银元。孙中山得知，手书横幅“高瞻远瞩”相勉励。

在工商界扬名立万的李耀庭，还热心社会公益事业，大凡赈灾、救荒、修桥、兴学之事，无不慷慨捐以巨款。光绪三十三年，云南巡抚林绍年以其孝友义行奏请旌表，礼部准予为其建坊立祠。所建的祠，即是原籍昭通大局街的李氏宗祠；坊即昭通南郊龙山寨的“孝义”坊。坊柱上原有对联两副，均为大书法家昆明陈荣昌手书，其中一联云：“穷达一生孺慕；西南半壁福星”，为李氏一生的真实写照。

## （二十四）姜亮夫——国学大师和他的家乡情愫

姜亮夫（1902 ~ 1995），原名寅清，字亮夫，昭通旧城内舌头巷人。先生在昭通启蒙入学，转益多师，先后毕业于成都高师、清华国学研究院，受业于林山腴、廖平、梁启超、王国维、章太炎等名家。平生所学，皆以民族复兴为己任，深入楚辞学、敦煌学、语言学、历史学诸多领域。穷且益坚，为往圣继绝学；老当益壮，助后学上青云！昂首高远，抚心求是；行己有耻，弘毅任道。

先后著有《楚辞学论文集》《敦煌学论文集》《古史论文集》《屈原赋校注》《楚辞通故》《中国声韵学》《历代人物年里碑传综表》《莫高窟年表》《敦煌学概论》《瀛涯敦煌韵辑》等专著近30部，论文百余篇，总计千余万字，后均编入24卷本的《姜亮夫全集》。因为在文化领域的卓越贡献，姜先生被学术界公认为“楚辞学大师”“敦煌学奠基人”“文字学音韵学的权威”“历史文献学大师”等，是云南在全国范围内可称“国学大师”者中屈指可数的一人。

在姜先生晚年的《回忆录》中，有几篇对家乡社会风情的描写，字里行间隐隐流露出思乡的拳拳之情。提到家乡的“吃”，先生貌似平淡、实则意味深长地开首就说：“昭通的小吃在云南是很好的。外省人在昭通做官，三年后多不想走。”由于是内陆山区，海鲜之类水产品不多，因而昭通人就因地制宜地在山茅野菜下工夫，姜先生感慨地说：“许多果、花、菜在我离开昭通六十多年中没有再吃过”。遗憾之余，却仍能一一如数家珍：“如苦刺花、金雀花、龙爪菜、苴兰、诸葛菜。这类菜有特殊风味，家家户户都吃，平时请客也不例外”；“有特殊风味的菜可以和苏杭比美。如杭州的莼菜，实际昭通的苦菜花、金雀花都比莼菜好吃。”昭通人吃的工夫了得，并不在于材料丰富，而在于能把有限的材料弄得花样百出。比如农产品中的豆类、荞麦、燕麦等，外省人不怎么上眼，但“在昭通不仅贫人，就是有钱人家也设法把它做得很好吃。”什么叫“化腐朽为神奇”，不就是这个吗？

昭通土地上繁衍生息的民众，积累下多姿多彩的民俗文化。它们代代传承，又时时变迁；继承传统，又吸收多元。不少民俗风情流传下来，成为昭通人生活的重要内容。《回忆录》中记载，昭通“一年四季都有它自己取乐的方式，这是外省不多见的”：

“元宵节，大家都去镇台衙门摸石狮子”，意在祈福。

“二月初二，称龙抬头，要耍龙灯、求雨、求晴、做法事。”

“三月初三有庙会，在元宝山。四月初四是赛马会。五月初五是端午，风俗要吃包子、粽子、雄黄酒……六月初六晒衣服，七月十四接祖宗，摆香案挂遗像，做麦芽灯，烧包，这是用纸袋上面写上祖父祖母，放金银锞，在昭通是极盛的典礼；八月中秋大吃月饼。”

“九月九，过重九，吃重阳糕，即千层糕，并游城，到城上去驱百病。十月十日送彩礼，许多人关心有好几位姑娘未嫁就送礼至这家，催这户人家早嫁女。十二月初八吃腊八粥，煮一锅粥，经济丰厚的家庭吃咸的，放火腿、鸡肉丁煮在一起，贫穷的人家吃糖粥。十二月十六日后，宰猪祭灶，腌制猪肉。十二月二十六日后掸尘。除夕过年送天帝（天上玉帝和灶君），一家磕头，然后团拜，大吃酒筵，饭后小辈给老一辈辞岁（磕头），管家的老人给每人压岁钱，然后每家烧火，围火讲故事守岁，守到天微明”，然后全家出门拜年，拜完吃汤圆。大年初一这天，读书人家去孔庙朝圣，商人则去拜财神。

晚年的姜先生，仍关注家乡变化。1986 年大龙洞公园改建完毕，千里之外欣然题联：“龙渊本天池，活水源长安众命；凤岭邻圣域，氤氲万户启人文。”表达对桑梓的殷切期望。

## （二十五）张希鲁——故园文化的守望者

张希鲁（1900 ~ 1979），名连懋，字希鲁，号西楼，原昭通县南城人。其父为晚清秀才，教书为生，对子女教育严格，使他从小养成做事一丝不苟的习惯。1917 年高小甲等第一名毕业，次年考入省立二中，与姜亮夫、刘平楷等人同班学习。无奈家庭随后连遭变故，父母及长兄相继病逝，不得不休学一年。好不容易中学毕业，又因家贫而面临无法继续深造的困境，幸得同学资助，才于 1923 年考入昆明东陆大学文史专业第一班就读。

此时，清末云南经济特科状元、著名学者袁嘉谷正执教于东陆大学。他见张希鲁学习勤奋刻苦，每有所得，都作札记呈阅，故对张希鲁寄予厚望。考虑张希鲁经济困难，袁嘉谷还先后介绍他到东陆大学图书馆和昆华图书馆工作，津贴薪米，生活条件有所改善，得以维持学业。

1930 年张希鲁返回昭通，任教于省立第二中学和昭通女子师范学校。教学之余，常带领学生到城边四乡访求古物，并写成《昭通后海子梁堆发掘记》等考古文章。他还多次致书时任省图书博物馆馆长的秦光玉，希望秦光玉等说服省教育厅给予财政支持，对梁堆进行有组织的考察发掘。为发掘、整理、护藏桑梓文物，张希鲁一直情寄殷殷，尽管当道者对此并无兴趣，但他也从不愿放弃。

1934年，为了避免“以乡井老之”的人生结局，他做了一桩在当时云南普通人中还颇为罕见的行为，用近两年时间游历了大半个中国，足迹遍及四川、河北、山东、北京、南京等省市。在北游期间，拜访章太炎等大师，加入燕京大学容庚主导的考古学社，在《考古社刊》第2期和第3期上介绍了云南的考古发现，在北平的滇省旅平同乡会作了类似主题的公开演讲……因而北游的最大价值，是使外界知晓了云南考古学的存在及进展。张希鲁的朱提堂狼洗研究，一时间引起王献唐、魏建功、杨成志、容庚、商承祚、方国瑜等人的关注。

从此之后，张希鲁再未涉足云南以外的土地。他孜孜矻矻，埋首乡邦文物与文献，并断言调查和发掘昭通古物的目的，是为了证明“云南的开辟，要以迤东最早，而昭通为最”。当方国瑜主编《新纂云南通志·金石考》时，希鲁先生贡献良多,其研究成果大部分被收入。1979年1月25日，张希鲁先生在昭病逝，享年79岁。1981年5月7日的《春城晚报》发表文章称：“已故前省政协委员、昭通县政协常委张希鲁先生，生前将自己几十年费尽心血收集的137件古代金石文物、225幅名人字画、163册名贵碑帖以及许多文物拓片，全部捐献给国家……这些金石文物是研究我省历史、文化的贵重珍品。”张希鲁病故之后，他的女儿又受乃父嘱托，将毕生收藏研究的古旧书籍5140册全部捐献给政府。1985年，经家属的多方奔走，张希鲁生前文稿被汇编为内部印刷的《西楼文选》。

若干年后，正是这本《西楼文选》的意外刊布，使之成为管窥张希鲁学术乃至昭鲁一带历史文化的主要途径。中山大学徐坚教授评论说：如果没有《西楼文选》，张希鲁基本消失在学术史观察的视野之外；如果没有张希鲁，滇东考古学的早期历史将无法打捞。《西楼文选》的存在足以证明，云南的田野考古学早在20世纪30年代就已出现。与同学姜亮夫坚持走出家园的路径不同，张希鲁是个标准的乡土文史学者。与众不同的是，张希鲁的爱乡之情在特定时风的熏陶下，转变成为只手创立滇东考古学的壮举。而朱提堂狼洗、孟孝琚碑、“梁堆”、朱提银等文物的发掘或考证，已经张希鲁之手而融汇成云南考古学的重要组成部分，而且现今人们的认识依然难以企及张希鲁曾经达到的高度。

### （二十六）陈一得——云南气象学的奠基人

陈一得（1886 ~ 1958），盐津人，原名秉仁，字彝德，后因创办“一得测候所”，即以一得为名。他 7 岁的时候，母亲就去世了，临终前嘱咐他要发奋读书。陈一得牢牢记住了母亲的嘱托，勤学苦读。时逢清末废科举，兴学堂，陈一得考入云南省高等学堂学习法文。

1910 年，家境贫穷的陈一得以第一名的优异成绩，考取公费留学比利时学习铁路工程的天赐良机。正当陈一得心潮澎湃地梦想着踏上奔赴欧洲的轮船时，却因他在当年昆明学生抗议外国侵略云南矿权而进行的罢课风潮中崭露头角，导致被取消留学资格。在奔波数年后，他返回昆明就读优级师范学堂数理化科，并于毕业后到省立一中教书。

陈一得自小就对当时乏人问津的气象、天文、地震等科学知识抱有浓厚兴趣，并显露出众的才华。1917年7月31日，大关县境内发生强烈地震，居民死伤甚众。陈一得赶往灾区实地调查，对地震的相关数据作了科学的判断。次年，他又完成《昭通等八县图说》，第一次对昭通所属八县的地理、气候、水文、交通、物产等作了较为科学的归类。本书初步展露他“重观测”“查物候”“重特产”“益民生”的务实倾向，书中甚至还探讨防治匪患之策等社会问题。

立志以科学救国的陈一得，在中央观象台高鲁台长的鼓励下，从上海自费购置气象、天文仪器，于1927年7月在位于钱局街53号的居所，建立起云南第一、全国第二的私人气候观测站——“一得测候所”。他将气象观测台设在屋顶上，携带全家人一起，白天观气象，夜间观天文，坚持长达十年之久，对昆明的气候变化、星座运行进行观测和计算，在极其简陋的条件下首创步天规，并完成《昆明恒星图》的绘制。中央大学地理系调查团在参观后深受感动，称赞这是“科学化的家庭，家庭化的科学机关”。

1934 年，陈一得又在云南大学体育场实测云南子午线成功。随后在云大校长何瑶的支持下，建立了“云南大学天文点”，并立石标为记，成为云南第一个天文点，后被列为云南省重点文物保护单位。1937 年，云南省政府资助在西山的太华山顶，建成云南省立气象测候所，陈一得又受聘为所长。他数十年如一日，事必躬为，亲自拟定了组织简章、观测细则、办事细则和参观规则，建成了一套完整的规章制度。

1936 年，一个台风中心自温州登陆，经江西、湖南、贵州最后达滇东，造成盐津、昭通一带发生“亘古未有之奇灾”，盐津沿河各县均被洪水淹没，其破坏之大，使城镇十余年后仍未恢复旧貌。陈一得通过多年的观测，记录和查阅浩繁资料，并运用现代气象科学的理论进行研究，第一次对云南降水来源做出了规律性的分析和概括，明确分类本省降雨并揭示其特征，为造福工农业生产影响至大。

1945 年，陈一得受乡人委托，编纂《盐津县志》。他本着科学的态度，在编写过程中去除了旧志常见的谶纬、符瑞等迷信附会的旧说。陈一得治学严谨，对有争议的问题不轻下结论。例如在处理“宋时封乌蛮阿杓为乌蒙王”这一史实时，他不但征信于史料，还亲临“相传为夷人都城”和乌蒙王墓所在的夷都山调查。随后并列多种说法，但自己却未妄下结论。对于规划已久的昭通铁路建设，他也一直密切关注，抗战时期主动参与勘探，并通过省参议会写成议案，要求尽快完成铁路的建设。只是由于时势艰难，这一努力无果而终。

1958 年 10 月，陈一得病逝于昆明。虽然他没有教授、博士的头衔，但却因为开创性成就，而被誉为“中国自然科学的鲁殿灵光”。

## （二十七）邱钟惠——中国首位女子世界冠军

邱钟慧（1935 ~），绥江人，后随父母迁居省城，就读于昆明第三中学。成绩优异的她，是个运动健将，虽然身材瘦小，但她的弹跳力很好，不仅乒乓球打得棒，同时还是学校篮球队和排球队成员。

邱钟惠曾面临过无数个机遇，也曾做出过无

数个选择，其中对她人生影响最大的时间节点，便是在1953年。当年不满18岁高中二年级的她，已经进入云南省排球队，打二传手。但由于身材矮小，前途并不看好。恰好国家乒乓队正式组建并根据此前选拔赛的资料来云南要人，她便没有丝毫的犹豫。根据当时中国体育总会的规定，选拔时排名前八的男女选手，可以被授予“国手”称号，此外女队还只剩下一名候补国手的名额。那时邱钟惠的球技尚未有突出的表现，只成为候补国手，还颇受队友的质疑。

人小“野心”大的邱钟惠顶住了各种压力，进展迅速，1960—1962年她连续获得三届全国乒乓球锦标赛女子单打冠军。但多年以后，她最为津津乐道的一场战斗，仍然定格在1961年4月14日的北京，相比于此夜的辉煌，她五次夺得全国冠军的经历都不免为之逊色。当晚，第26届世界乒乓球锦标赛女子巅峰对决在北京工人体育馆上演，赛前中国队的目标只是夺取团体和双打前三名，至于女子单打，则连前三都感到渺茫。而邱钟惠却意外杀入决赛，与匈牙利名将高基安展开激烈争夺。最后的决胜局，具有丰富国际比赛经验的高基安在领先的情况下，硬是被邱钟惠奋起直追的，活活扳回！邱钟惠赢了！中国赢了！世界女子单打冠军吉·盖斯特杯上终于第一次刻上了中国姑娘的名字！

1984 年她被评为中国“杰出运动员”；1964 年起她担任国家队女队教练；1973 年后到国家体委从事体育科研工作；1979 年起任中国乒乓球协会副主席。不管工作如何变迁，中国第一个女子世界冠军的头衔，都给邱钟惠这个名字抹上了传奇色彩。如今，邱钟惠居住在北京市的一个普通居民区中。2002 年 12 月，她获得了由中国乒协颁发的中国乒乓球运动杰出贡献奖；颁奖那天，正好是她 68 岁的生日。

# 八、现代风貌

## （一）和平解放开新篇

1946年解放战争爆发后，中共昭通地区党组织根据省工委有关开展武装斗争的指示，派遣干部深入农村，在永善县的莲峰、井底，巧家县的蒙姑，彝良县的牛街，以及盐津、大关等地发动农民，作好开展武装斗争的准备工作，以配合解放军正面战场的作战。1947～1948年，又先后从昭通和巧家蒙姑等地，调派了蒋永尊、傅发焜等一批党员领导干部到宣威、陆良等地，参加当地的武装斗争，并于1947年底，组建永焜支队等人民武装。1949年7月，原桂滇黔边纵队和云南各地的人民武装统编为中国人民解放军滇桂黔边纵队，下辖12个支队、两个独立团，其中的第六支队即是活跃在滇东北乌蒙山区的“边纵”主力部队，在解放滇东北、阻击歼灭溃逃入滇的国民党军队、支援昆明保卫战、与兄弟部队共同解放云贵的战斗中，做出了不可磨灭的贡献。

1949 年底，滇东北地委及“边纵”六支队党委在全国大形势的推动下，曾采取一切措施积极对昭通境内龙绳曾、安纯三等地方实力派进行争取工作，最终说服国民党昭通专员安纯三于 1949 年 12 月 4 日通电，宣布昭通起义，脱离蒋介石政权。昭通起义的时间，比卢汉在昆明起义还早了五天。虽然安纯三、龙绳曾事后又有反复，但这次起义客观上对稳定昭通形势有积极意义。

1950 年 3 月 3 日，“大军要进城了”的消息传遍昭通城。在滇东北地委和昭通县工委的周密安排下，夹道欢迎的人群从五里外的元宝山脚一直连向城内，流动联络员登着脚踏车，来回穿梭传达解放军到达路段的时间。从元宝山到矼桥、迎丰桥、西环城路、新牌坊、菜街子、西大街，再到陡街、炭市街、北大街、北校场的行进路线上，一路都是标语、墙报、五星红旗和欢迎横幅。上午 10 时，解放军二野四兵团十五军四十三师的指战员，肩扛着毛泽东、朱德的巨幅肖像，在军乐队的护卫和龙灯、狮子舞、高跷等地方传统节目开道下，扛着擦洗一新的机枪、步枪，唱着《三大纪律八项注意》一队队开进城来。顿时，掌声、歌声、口号声此起彼伏。这一天，昭通25个单位联合行动，电信局、邮局免费发报、送信一天；医师工会发免费治疗证800份；《滇东民报》免费散发200份报纸，昭通总工会写了30封信欢迎和慰问解放军。

解放军四十三师的进驻，标志着昭通和平解放正式完成。同时，中共云南省委决定，撤销原滇东北地委，建立昭通、曲靖两个地委；撤销原滇东北行政公署，建立昭通、曲靖两个专员公署。云南军区决定建立昭通警备区。组建了各县领导班子，宣布了赴各县接管国民党政权的军事接管代表，并相继在昭通、鲁甸、会泽、巧家、镇雄、彝良、威信、盐津、大关、永善、绥江11个县，着手进行接管、建政，开展征粮、剿匪、建设新区工作。中共昭通地委、昭通行政专员公署、昭通警备区成立，标志着昭通从此进入了一个全新的历史时期。

**（二）来自中央的祝愿**

十一届三中全会之前，由于积贫积弱、一穷

二白的历史状况以及长期受“一大二公”僵化体制的束缚，昭通城乡经济发展迟缓，农村普遍贫困的状况没有得到缓解。截止 1978 年底，全地区有不温饱人口近 300 万人，贫困发生率高达 88%，是典型集老、少、边、穷、灾为一体的落后地区。这样的状况自然引起来自中央最高层的关注，并先后迎来三位总书记、三位总理的视察。

1985 年 2 月 12 日至 13 日，中共中央总书记胡耀邦，在国家民委副主任伍精华和省委书记安平生、省长普朝柱陪同下到昭通、鲁甸视察，对昭通全区作了“艰苦奋斗，成绩很大，继续努力，改变面貌”的如实评价和重要指示，倡导干部深入农村“访富问计”，开展“增百致富”大讨论，强调发挥自身资源优势，放宽政策，发动群众，多渠道筹集资金。在昭期间，他还为扎西会议纪念馆题写“扎西会议会址”；为驻昭通空军部队题写“奋发学习，鹏程万里”题词。

胡耀邦总书记是第一位视察昭通地方的中央最高领导人。这位在全国二千四百多个县（市）中跑过一千七百零三个县的领导人，下乡总是轻车简行，一般不坐轿车，而是坐旅行车、面包车，因为这样可以方便地同车上随行人员、陪同干部探讨问题，酝酿思想。他要求地方不准为他站岗放哨、宾馆不准为他清理住客、不准组织欢迎队伍或警车开道、不允许对被访问对象做事先布置，身边没有保健医生，也不需要检查水、检查饭等。老乡向他敬酒，他就接下呷一口；看见老乡正在吃饭，自己也去舀了吃，让老乡们感到一种发自内心的亲切。

1995年10月，时任中共中央政治局常委、国务院副总理的朱镕基到昭通视察。朱镕基总理特意走进昭通最贫穷村庄之一的宁边村村民杨长才家，和房主人发生了如下一段对话："早上吃什么？""吃洋芋"；"午饭吃什么？""吃洋芋"；"晚上吃什么？""吃洋芋"；"一天三顿都吃洋芋吗？""是的！"看到周围衣衫褴褛的贫困村民，以及村民身后破旧的房屋，朱镕基的眼泪终于忍不住夺眶而出。为了缓解致富路上的交通瓶颈，他提出中央、省、地三方财政协力共建，改造213国道，复工兴建内江到昆明铁路，终于圆了昭通百年的铁路梦想。

2002年7月，时任中共中央政治局常委、国家副主席的胡锦涛，代表党中央、国务院视察昭通。在永丰镇三甲村视察工作时，他提出了“多予、少取、放活”的六字方针，并向广大村民逐一解释六个字的意义，希望村民多学技术，多掌握一些生活技能，以切实增加收入，实现脱贫致富。此后，村两委结合本村实际，提出“外出务工打基础，回乡创业促产业，产业带动大发展”的脱贫致富思路，使三甲村面貌发生了翻天覆地的变化。

2004 年 10 月、2012 年 9 月，国务院总理温家宝两次到昭通，分别视察鲁甸和彝良地震灾区。2014 年 8 月鲁甸“803”地震发生后，国务院总理李克强也于第一时间赶赴灾区，他们均对昭通扶贫救灾工作做出了重要批示。

2015 年首次离京考察，习近平总书记就将第一站选在鲁甸地震灾区。1 月 19 日下午，他乘车一路颠簸到达震中龙头山镇，察看地震遗址、板房学校，详细询问受灾群众和灾区恢复重建情况。此次鲁甸之行，习近平总书记在考察中总是关注着灾民的生活细节：“安置好没？能不能吃上一口热饭？孩子有没有学上？生病能不能治疗？能不能尽早搬进新居”等。他叮嘱当地干部：“一定要做好扶贫、救灾双重任务”；扶贫工作是全面建成小康的重点，也是最艰巨的一项任务，不能光喊口号，更不能搞形式主义，一定要真抓实干。这种求真务实的作风既令人印象深刻，也给地方干部的未来工作提出了更高要求，永远激励着当地干部认真把每一项工作做好。

### （三）撤地设市新机遇

2001 年 1 月 13 日，原昭通地区经国务院批准撤地改市。同年 7 月，正式挂牌成立地级昭通市。

昭通市下辖昭阳、鲁甸、巧家、盐津、大关、永善、绥江、镇雄、彝良、威信、水富 10 县 1 区 173 个乡镇 1221 个村民委员会。总面积 2.3 万平方公里，占云南省总面积的 5.84%，居第九位。其中山地面积 2.2 万平方公里，占 96%；坝区面积仅占 4%。

撤地设市的当时，昭通整体经济文化水平处于一个较低水平。截至 2002 年，昭通市总人口 508.14 万人，人口密度达到每平方公里 220 人，是全省人口密度最大的地区之一。在昭通市总人口中，非农业人口为 38.51 万人，乡村从业人口为237.5万人，农村劳动力人口中从事非农产业的农业人口为36.6万人，城镇人口为75.11万人（非农人口加上从事非农产业的农业人口）。由此可见，到2002年末，昭通市城镇化水平为14.78%。而同一时期，云南全省的城镇化水平为23%，全国的城镇化水平则为36%。也就是说，昭通市的城镇化水平低于全省平均水平近10个百分点，低于全国平均水平20个百分点，不及全国平均水平的一半。相比之下，昭通市的城镇化水平是相当低的，昭通市的城镇化和现代化发展道路任务相当艰巨。

但另一方面，昭通市又是中国长江经济带的“龙尾”，通过便利的黄金水道，与长江流域往来极为密切。城市发展的宏观经济背景立足于全国“金沙江下游国土重点开发区”和六盘水开发区的腹心地带，这两个开发区是当时国家批准实施的重点开发区之一。它包括川西、川南、黔南、滇东北在内的经济区，该经济区能源、矿产资源十分丰富，是我国西部地区重要的能源（包括水能）、矿产、工业基地，在全国生产力布局中占有重要地位。同时，昭通市还是国家实施中西部地区发展战略的重点扶持区，全市有十个县区列入国家扶贫工作重点县，是云南省扶贫攻坚的重点和世行贷款项目的主要扶持区域，国家政策环境和云南省的战略方针对区域脱贫发展十分有利。

撤地设市以后，昭通各级党委、政府坚持“对内搞活经济、对外实行开放”的方针，不断深化改革，努力扩大开放。2001 年之前，昭通的基础设施十分滞后，“瓶颈”制约非常突出。改市以后，全市各级大力加强基础设施建设，一批重大基础项目相继建成投入使用。2002 年内昆铁路开通运营；2007 年昭待、水麻高速公路通车；2008 年末公路通车里程达 14356 公里，比 1978 年增长 2.4 倍。水利建设成效显著，建成渔洞、蒿枝坝、跳墩河、炉房、云荞、大水沟等一批大中型水利工程和沟渠工程，2008 年末共有水库 171 座，比 1978 年增加 40 座。

同时，随着经济的发展，昭通实施了一系列惠民政策。昭通的城乡居民收入增速较快。2008 年突破万元大关，达到 10005 元，比之前 1998 年的五千元增长了一倍。2008 年，社会消费品零售总额达 71.87 亿元，比 1978 年增长 38.4 倍。城乡居民人均住房面积分别达 31.57 平方米和 21.96 平方米，分别比 1978 年增加 27.37 平方米和 8.6 平方米。2008 年，城镇居民每百户拥有彩电 117 台，电脑 29.28 台，移动电话 189.28 部；农村居民每百户拥有摩托车 10.76 辆，彩电 71.53 台，移动电话 55.76 部。随着手机、宽带、程控电话、家用轿车等普及到寻常百姓家中，信息闭塞、交通落后的状况明显改观。

站在新旧交汇的历史节点上，21 世纪初的昭通进入了一个大有可为的重要战略机遇期，使后续的良性发展呈现出更加灿烂的前景。

**（四）高峡出平湖，旧貌换新颜**

金沙江，一条黄金似的江。由于流经山高谷深的横断山区，落差达 3300 多米，蕴藏着近 1 亿千瓦的水力资源，几乎要占长江水力资源的 40% 以上，因而一直被水电部门觊觎。事实是，在完成三峡水电站建设之后，三峡集团就已将金沙江作为新的主战场。三峡集团的报告称，金沙江是中国最大的水电基地，居“中国十三大水电基地规划”首位。三峡集团 2002 年正式获得国家授权，先期开发金沙江下游河段的乌东德、白鹤滩、溪洛渡、向家坝4座电站。这四座电站总规划装机规模近4300万千瓦，年发电量约1900亿千瓦时，相当于三峡工程的两倍。三峡集团规划中的四座巨型电站，有三座就在昭通境内。昭通市境内拥有丰富的水能资源，流经境内的金沙江、牛栏江、横江等河流，水能资源理论蕴藏量达2080.4万千瓦以上。是中国“西电东送”战略的骨干电源区，同时还可以解决三峡最大的心病——泥沙淤积。

尽管对在大河上建巨型水电站是福是祸的争议从未停止，但工程启动的步伐并未中断，有的问题注定要留给历史去检验。位于昭通水富与四川宜宾之间的向家坝电站，从2004年7月始至2005年12月筹建，主体工程2006年正式开工，2008年截流，2012年首批机组发电，2015年建设完工，装机容量为640万千瓦，年平均发电量307.47亿千瓦时。

位于昭通永善与四川雷波之间的溪洛渡水电站，2005年底开工，2007年实现截流，2009年主体工程混凝土浇筑开工，2014年6月电站所有机组全部投产，最高蓄水位600米，总装机1386

万千瓦，多年平均发电量571.2亿千瓦时，是中国第二、世界第三大水电站，在建设中它还刷新了地下厂房长度世界最长、开挖时间最短、泄洪功率世界最快、发电机组台数世界最多等四项世界纪录。

昭通巧家与四川宁南之间的白鹤滩水电站，目前在建，装机容量预计超1600万千瓦。待三大电站完全完成后，年发电量将超过1800亿千瓦时，相当于每年减少8400万吨原煤消耗，减少二氧化碳排放1.56亿吨，减少二氧化氮排放102万吨，减少二氧化硫排放180万吨。

除了发电之外，这几个电站最初期待的效益，便是拦沙。金沙江中游是长江主要产沙区之一，溪洛渡坝址年平均含沙量1.72千克每立方米，约占三峡入库沙量的47%。经计算分析，溪洛渡水库单独运行60年，三峡库区入库沙量将比天然状态减少34.1%以上。过去人们曾形容金沙江说："涨水漂木，枯水行船，不涨不枯淘沙金。"这样的景象，至少在溪洛渡以下，或许将永远成为历史。摆在人们眼前的，已经是高峡出平湖，绿水送青山。

在金沙江畔，长江东转的绥江，就因中国第

三大水电站向家坝的修建，一夜之间，让这个默默无闻的城市，成了世人眼中耀眼的璀璨明珠。一个桃源圣地，一座竹海新城，一个心灵安顿的地方。荣誉接踵而至，游客纷至沓来，人们交口称赞说：走进华丽转身的绥江，心都醉了。湖面的青山，犹如画家笔下勾勒出的风景油画，山水一体，五彩均匀，点缀着白云、翠竹和错落有致的新民居。城市街头，人们看不到一根飞挂的管线，城市防洪按20年一遇设计，饮水从山顶往下自流，污水处理厂设计在城市的最下端。一树一木，一街一景，统一而不失自然；建筑风格，既符合文明潮流而又传承当地民风文化。

在溪洛渡电站完成最后蓄水工作后，库区形成长200公里的水库。曾经咆哮的金沙江，如今却变得漫江碧透，湖面平静壮阔，春来江水绿如蓝。库区沿线重崖叠障，荫天蔽日，高峡平湖的壮丽画卷，吸引无数远方游客慕名前来游览观光。

### （五）一桥飞架南北，天堑变通途

“昭通”之得名，虽然阴差阳错地来源于当年鄂尔泰对“乌蒙”的误解，但我们环顾云南全省，却很难找到第二个地方，能像昭通这样开发历史悠久并在长达数千年的时间里与道路留下如此深厚的不解之缘：道通则兴，道阻则衰，起起落落，几度沉浮！百年前的清末，经过昭通的滇蜀铁路已经进入规划勘探程序，可惜胎死腹中；七十多年前的抗战时期，同样经过昭通的川滇铁路已经启动建设，可惜壮志未酬；半个多世纪前的建国初期，内昆铁路已经修到了昭通的大门口，却仍旧戛然而止，只留下几个桥桩在风雨中哀哀呻吟。四十余年前，新的成昆铁路建成通车，云南通省外的铁路一条条建成，铁路沿线的曲靖、大理、玉溪、蒙自变化日新月异，但这名单里唯独没有了曾经“锁钥南滇，咽喉西蜀”的昭通，她变成了云南的一个交通死角。国家和省的投资相应远离，基础设施建设从此陷入低谷，加之境内山峦叠嶂、沟壑纵横，“交通基本靠走，通讯基本靠吼”，交通闭塞导致整体社会停滞，在十六个地州中逐渐被彻底地边缘化。

交通落后成为制约昭通经济社会发展的最大瓶颈，但昭通这块自古文化积淀深厚又盛产英雄的土地，注定不会甘于沉沦，只是在等待凤凰涅槃的时机。同时，昭通具有无法代替的区位优势：

不仅是云南通向长江经济带的黄金水道，而且也是云南作为中国连接东南亚、南亚国际大通道的一部分。昭通市拥有一个省内支线航空港，2001年建成通车的内昆铁路连接云、贵、川三省，纵贯全市，是三省最便捷的省际铁路。

“十一五”时期的五年，昭通新增和改建高等级公路774公里、通乡油路1771公里、通达工程7220公里，124个乡镇实现通油路，1225个建制村实现通达。全长136公里的水麻高速公路建成投入使用，结束了昭通没有高速公路的历史，水富到昆明的车程缩短到8小时；先后建成盐电、威叙、镇赫、镇毕、巧蒙、普桧等6条二级公路。

2009年以后，昭通又抢抓机遇，投资140.4亿元建成镇威、镇风、风威、柿风、水绥、昭彝、昭巧等7条二级公路，使全市11县（区）实现通高等级公路目标，并实现昭阳中心城市到各县“4小时交通经济圈”的目标；昭阳中心城市到鲁甸、彝良、大关3县“1小时经济圈”也成为现实；水富港二期扩建工程投入运行，昭通机场迁建前期工作进展顺利。农村公路大干快上，乡乡通油路、村村通达目标基本实现。

2015年9月25日，待补至功山、昭通至会泽两条高速公路正式通车；12月26日，昭麻高速公路正式通车。外省人完全无法想象，在磅礴乌蒙山修建高速公路意味着什么，尤其是昭通鲁甸与曲靖会泽县迤车镇隔江相望的梨园江底，牛栏江奔腾咆哮，像一匹桀骜不驯的野马向金沙江奔去；四望群山冲天，飞鸟悲鸣，猿猱愁攀。而现代化桥梁技术建造的昭会高速牛栏江特大桥，打造了云南桥梁工程史上的六宗“最”：“最”高，主墩高度被誉为亚洲第一公路刚构高桥，为云南同类公路桥中的最高桥，同时也是一座世界级的公路高桥；“最”长，全长765米，主跨190米，是省内最长的公路桥；“最”难，跨越G85国道，是全线最难的主控性工程；“最”具技术含量，创造性采用“先中跨合龙，后边跨合龙”的施工方法，虽增加了工程难度和施工风险，但能有效避免大跨连续刚构桥梁主跨下挠的病害；“最”重要，牛栏江特大桥成功贯通为昭待高速公路建成通车奠定了坚实的基础；“最”后，牛栏江特大桥是昭待高速公路最后的一个控制性工程。昭会、昭麻公路的通车，让原来只有飞鸟才能抵达的空间变成了一条高速行驶的坦途，从而也标志着贯穿云南的南北大通道正式实现全程高速。

**（六）千仓万箱，民安物阜**

地处乌蒙群山中的昭通，资源富积，自古就有“搬不完的昭通，填不满的叙府”美誉。如今已发现金属矿产铁、钛、铜、铅、锌、铝、镁、汞、锑、金、银、锆、锗、镓、铟、镉等17种，非金属矿产煤、泥炭、油页岩、耐火粘土、硅石、石灰石、萤石、磷、硫、含钾岩石、砷、重晶石、石膏、大理石、冰洲石等15种。其中铅、锌、银、镉、汞品位高，储量大，分布广；煤、硫、硅石、石膏、石灰石为优势矿种。已发现小型矿床以上规模金属矿区矿点195个，非金属矿区矿点150个，其中铅、锌储量万吨以上的矿床8个。探明A+B+C+D级铅锌储量超过170万吨；预测含煤面积5000平方公里，预计煤炭储量200亿吨，为全省的三分之一。昭鲁坝区有我国南方最大的褐煤田，探明储量达84.45亿吨。昭通是云南三大有色金属基地之一，是全国五大硫铁矿区之一。

另外，传统名特产品油桐、乌桕、木漆、茶叶、花椒、竹笋、核桃、天麻、竹荪、魔芋等也得以发扬光大。永善、绥江等县质量优越的金江花椒、金江魔芋片驰名中外；巧家、鲁甸是全国年产 500 吨以上核桃的基地县；镇雄、彝良是全国的木漆基地县，年产木漆占全省产量的 80%；盐津、水富县为全国五倍子基地县，产量占全省 99.7%；永善、绥江县为全省乌桕基地县，产量占全省 95%；巧家、鲁甸、永善、盐津、大关、绥江、水富、彝良县被列为油桐基地县，产量占全省 60%。

昭通水果品种丰富，四季瓜果飘香。2005 年全市家种水果面积 25000 公顷，主要品种有苹果、柑橘、梨、樱桃、枇杷、李子、香蕉、桂圆、芒果、石榴等。各县区均产柑橘，2005 年总产量 7641 吨；20 世纪 90 年代后各地对老品种进行改良，引进脐橙、椪柑等新品种，柑橘品质明显提高。昭阳、鲁甸、彝良、镇雄、大关被列为全国樱桃基地县，2005 年全市樱桃产量 7168 吨。野生水果有猕猴桃、刺梨、山楂、栽秧果、火棘等，面积达几万公顷。其中仅猕猴桃就有 5000 多公顷，常年产量 1 万吨以上。

尤其值得一提的是，昭鲁坝区是我国南方优质苹果生产基地。因为生长地纬度低，海拔高，昭通苹果被称为“离太阳最近的苹果”。中国农科院果树研究所在全国苹果区划意见中，把昭通定为全国苹果生长最适宜区。与北方苹果产区相比，昭通苹果具有生态、品质、早熟和区位等四大优势。近年来，昭通苹果除销往云、贵、川三省及广东、广西、香港等地外，还远销缅甸、泰国、越南等东南亚国家，苹果生产已成为昭鲁坝区农民增收致富的重要产业之一。

在养殖业上，藏系绵羊、乌蒙马、乌金猪、乌骨鸡独具特色，生猪年均出栏数百万头，镇雄、威信、大关、水富县被列为全省生猪基地县；昭阳区和巧家、永善县是全省绵羊基地县；镇雄县是全省黄牛基地县。全市畜牧业总收入占农业总收入三分之一。种植业方面，粮食品种齐全，尤以玉米、水稻、薯类、荞子为多。经济作物以烤烟、油料、甘蔗、麻类为主，烤烟是全省的第二大产区，种植面积最高年近 7 万公顷，总产量 10 万吨。

马铃薯产业是昭通重点打造的高原特色农业之一。近年来，在国家马铃薯主粮化战略的大背景下，昭通各级各部门加大马铃薯培育力度，马铃薯产业发展迅速，生产基地建设不断优化，产业化水平明显提高，马铃薯科研工作取得长足发展。

2016年7月11日，以“昭通马铃薯种薯成为世界种薯的机遇与挑战”为主题的马铃薯种薯国际论坛在昭通举行，来自美国、澳大利亚、约旦、巴基斯坦等国家及国内多省、市有关马铃薯产业的专家、学者、企业代表齐聚一堂，共谋马铃薯产业发展。国际马铃薯中心原副主席彼得·范德·扎格博士和与会代表一致认为：“昭通地处低纬高原，自然气候条件与马铃薯原产地南美安第斯山区十分相似，是公认的马铃薯种薯扩繁的最佳地区。”“从全世界范围来看，除南美洲的秘鲁外，再也找不到这种高海拔的种植区。”基于这个原因，专家们认为昭通的种薯发展潜力非常乐观，如能做大做强，足以带动一方经济繁荣。

在昭通各种特产中，自然不能不提小草坝天麻。行内有一句话叫做：“世界天麻看中国，中国天麻看昭通，昭通天麻看小草坝。”陕西省宁强县真菌研究所所长张怀荣甚至评论说：“小草坝天麻只能模仿，但无法超越。”昭通天麻为何这么有名呢？原因在于昭通11个区县，均有最适宜野生天麻生长的土壤和环境。《中国土特产大全》载：昭通“天麻个大，肥厚饱满，色黄白明亮，称为‘云天麻’，畅销国内外。”天麻是一种名贵中药，有抗癫痫、抗惊厥、抗风湿、镇静、镇痛、补虚等多种治疗补益功能，临床医用价值极高。据昆明植物研究所化验结果，昭通天麻中天麻素等 13 种药用益脑成分含量高达 0.42%—0.46%，较之全国同类产品含量高 1 倍左右。早在清中叶时期，小草坝天麻就成为地方进贡的佳品。每逢天麻采挖时节，各地官商云集小草坝坐地收购，使穷乡僻壤，宛若闹市。

总而言之，产业发展的风潮风起云涌，加速崛起的昭通商机无限。随着国家“一带一路”、长江经济带战略的实施，昭通市委、市政府坚持“创新、协调、绿色、开放、共享”五大发展理念，热忱期待海内外有识之士，在昭通大展宏图，共同谱写合作共赢的壮丽篇章。

### （七）富民强市新征程

“穿城不过三里三”，是市民对曾经的昭通城的描述；“脏乱差”，是一个时期各地游客对昭通城的印象。近年来，昭通市委、市政府痛定思痛，下大力气加快城市建设步伐，让昭通中心城市四城同创，改头换面后的昭通正在以新的面貌争取国家级卫生城市、园林城市、特色魅力城市和绿色生态城市的荣誉，成为云贵高原上快速崛起的一颗明珠。

昭通中心城市的南部片区，已经是人气旺盛的时尚都市。这里以望海文化公园为核心，集中了全城最高档的饮食和娱乐场所。漫步海楼路、望海路，车水马龙，人流如织，一派现代都市的繁华盛景；闲步望海公园，湖面如镜，水鸟低飞，花草点缀，小径通幽，望海楼白墙青瓦，凤凰山青松翠柏，一派湖光山色美不胜收。昭通市委、市政府按照一山两河三片区四公园的总体思路，规划区面积为 53 平方公里，建设用地 45.29 平方公里，规划人口为 48 万人，把中心城市定位为云贵川三省接合部重要的区域中心城市和云南连接长江经济带、川渝经济区的重要枢纽城市，并制定了“用 3 至 5 年时间，把昭通城打造成雄踞滇东北，影响川、滇、黔，具有浓郁本土风情文化特色，集工业、商贸、旅游为一体的现代化生态大城市”的发展目标。

如今，北部新区正在快速崛起，旧城改造使古城涅槃重生，重现昔日深厚的文化底蕴。市民踏着石板路，穿越石牌坊，信步云兴街，翘首看钟楼……昭通的城市品位在迅速提升，人居环境大幅改善，城乡面貌日新月异。

雄关漫道真如铁，而今迈步从头越。2016年9月闭幕的昭通市第四次党代会上，昭通市委书记范华平接连用了六个“铆足干劲、苦战五年”强调：今后五年，昭通市委的执政使命就是打赢脱贫攻坚战，全面建成小康社会。为此，必须坚持以脱贫攻坚统揽经济社会发展全局，全面实施脱贫攻坚、交通先行、产业培育、新型城镇化、教育兴昭、生态文明建设“六大战略”：

其一，实施脱贫攻坚战略，消除贫困、改善民生、逐步实现共同富裕。全市坚持把脱贫攻坚作为头等大事，围绕“两不愁、三保障”目标，按照“六个精准到户”和“五+N个一批”要求，扎实抓好到乡到村到户到人精准扶贫、精准脱贫措施的落实，确保10个贫困县区、85个贫困乡镇、825个贫困村、111.95万贫困人口如期实现脱贫、摘帽、出列、增收目标。

其二，实施交通先行战略，实施综合交通“五年大会战”，构建“一环两横四纵六联络”高速公路网，实现“县县通高速”，打造全市“两小时交通圈”；提级改造普通国、省干道，全面完成建制村公路硬化。推进“两横四纵一枢纽”铁路网建设，支持建成隆黄铁路、成贵铁路、渝昆高铁，推动建设攀昭毕遵铁路、六威昭城际铁路、昭阳中心城区综合铁路枢纽。建成昭通新机场，启动镇雄、巧家、盐津、永善通用机场建设和绥江水上飞机项目。以水富港改扩建为重点，推进“一线四港九码头三转运”金沙江水运体系建设。推动基础设施建设取得新突破，努力把昭通建成区域交通枢纽。统筹推进以综合交通为重点，包括能源、水利、电力、信息等“五网”基础设施建设。

其三，实施产业培育战略，按照开放型、创新型和绿色化、信息化、高端化要求，构建昭鲁大片区、镇彝威片区和沿金沙江经济带“两区一带”产业发展空间布局，统筹推进现代农业、新型工业和现代服务业协调发展。农业方面，狠抓高原特色现代农业发展，突出苹果、天麻、花椒、核桃、竹子、马铃薯等优势产业，大力发展特色经作、山地牧业、淡水渔业、特色林业和中药材等主导产业；工业方面，加快工业强市进程，巩固电力、烟草及传统配套产业，加快培育水电铝、硅产业等新型载能工业，强化工业园区基础设施建设，打造昭阳、鲁甸、镇雄、水富 4 个百亿元园区，确保工业园区实现工业总产值 600 亿元以上。旅游产业方面，突出地域特点，依托昭通大山、大水、大峡谷、大文化等独特优势，构建“一心两点三线”旅游布局，打造昭通休闲避暑胜地品牌。营造良好发展环境，鼓励发展健康服务业，支持引导非公经济发展，实现民营经济增加值580亿元以上。

其四，实施新型城镇化战略，按照“干净、方便、有序、活力、安全”的要求，扎实推进“四城同创”，提升城乡人居环境，构建以昭鲁为核心、县城为重点、集镇为支撑、美丽宜居村庄全覆盖的新型城镇体系，实现常住人口城镇化率达45%以上。坚持先策划、后规划，保护绿水青山，传承历史文脉。以建成滇东北城市明珠为目标，完善城市功能，实施昭阳中心城区“润昭引水工程”，全面推进城市治乱、治脏、治污、治堵，改造旧住宅区、旧厂区、城中村，拆除不符合城市规划的建筑物，增加绿化和公共服务设施，提高城市人居环境品质。大力实施农村改路、改房、改水、改电、改圈、改厕、改灶综合整治行动，推行人畜分离、厨卫入户，全面清洁水源、清洁田园、清洁家园，切实改善农村人居环境。

其五，实施教育兴昭战略，推动社会事业发展。加快发展学前教育，实现乡镇幼儿园全覆盖；推进义务教育，优化城乡中小学布局，实现全市义务教育基本均衡，九年义务教育巩固率达 93% 以上；加强高中阶段教育，不断扩大办学规模，实现高中阶段毛入学率 86.5% 以上；高度重视民族教育，实现少数民族学生入学率达 98% 以上；扶持职业院校，注重品牌建设，提升昭通职教质量，争取与市外高校联合开办昭通航空交通学院；探索建立教师补贴差别化补助机制，形成正面激励导向，稳定农村教师队伍；加大对家庭困难学生的资助力度，落实建档立卡贫困户子女全部享受 14 年免费入学政策。

统筹推进科技、文化、卫生计生等社会事业发展。建立健全科技创新体系，加强科技队伍建设，发挥广大科技工作者和能人巧匠作用，着力推动科技进步。发挥“昭通作家群”和“昭通文学现象”的积极效应，繁荣文艺事业。实施文化惠民工程，启动建设市文体公园，建成一批重点文化项目、基本公共文化设施，打造文化精品，不断满足人民群众基本的文化需求。大力发展群众体育。优化配置卫生资源，健全完善县乡村三级卫生服务网络，推进公立医院综合改革，扶持和促进中医药事业发展，抓好中西医药结合，提升城乡医疗卫生服务水平，让广大人民群众享有公平可及、系统连续的预防、治疗、康复、健康促进等服务。落实计划生育基本国策，巩固和加强计划生育基层基础工作。全面提高广播电视综合覆盖率。

其六，实施生态文明建设战略，以创建国家生态市为总体方向，筑牢长江上游重要生态安全屏障。昭通生态敏感脆弱，必须在保护中开发，在开发中保护，需要大力实施生态治理工程，推进天然林保护，实现森林覆盖率达40%以上、林木绿化率达60%以上，25度以上坡耕地退耕还林应退尽退，治理水土流失面积2000平方公里以上。推进资源节约型、环境友好型社会建设，促进人与自然和谐相处、永续发展。

以上“六大战略”是一个辩证统一的有机整体：脱贫攻坚是统领，交通先行是关键，产业培育是基础，新型城镇化是支撑，教育兴昭是基石，生态文明建设是保障。未来五年，昭通全市将聚焦“六大战略”，精准发力，久久为功，统筹好当前和长远、整体和局部、重点和一般的关系，找准切入点，为推动全面建成小康社会战略目标的早日实现而努力奋斗！

（以上六至八为唐靖撰稿）